리더의 神신 100법칙

최강의 팀을 이끄는 리더의 원칙

리더의 신 100 법칙

하야카와 마사루 지음
김진영 옮김

지상사
Jisangsa

LEADER NO ONI 100 SOKU
© MASARU HAYAKAWA 2019

Originally published in Japan in 2019 by ASUKA PUBLISHING INC., TOKYO,
Korean translation rights arranged with ASUKA PUBLISHING INC., TOKYO,
through TOHAN CORPORATION, TOKYO, and EntersKorea Co., Ltd., SEOUL.

———

머리말

AI 붐이 한창인 요즘 같은 시대에 이제 와서 '백 가지 신의 법칙'이라니 정말이지 어이없어하는 리더도 있을지 모른다. 권위적이고 숨이 막힐 듯한 정신론을 강요당하는 것 아니냐는 오해를 산다 해도 어쩔 수 없다.

하지만 현실의 조직 경영은 그리 녹록하지 않다. 아무리 피리를 불어도 춤추지 않는 '유토리세대(탈주입식 교육을 받은 젊은이를 지칭)의 물러 터진 부하 직원'과 불합리한 '악덕 상사' 사이에 끼어 악전고투하고 있는 리더도 적지 않으리라.

혹시 당신도 **다음과 같은 갈등 때문에 하루하루 고민하며 살고 있지는 않은가?**

'눈앞의 성과만 좇다 보니 팀 내에 시키니까 한다는 느낌이 팽배해 있다.'

'부하 직원과 충돌하고 삐걱거릴까 두려워 적극적으로 지도하지 못하다 보니 그저 사이좋은 동아리로 변질되어 버렸다.'

'책임감과 중압감에 짓눌려 매일매일 루틴 워크(Routine work)로 도피 중이다.'

거 참! 리더라는 자리도 참 힘든 직책이다.

이렇듯 사방이 꽉 막힌 상황에 빠져 있는 리더를 구하기 위해 다시 한 번 '신의 펜'을 집어 들었다. **지금 리더들은 분명 금욕적(Stoic)인 구세주가 던지는 '애정 어린 꾸짖음'을 갈구하고 있으리라,** 바로 이런 마음으로 이 책이 탄생했다.

단 '신'이라고 해도 흔히들 말하는 무서운 요괴 같은 신을 머릿속에 떠올리면 곤란하다. 이 책에서 말하는 '리더의 신'이란 고압적인, 자기 직위를 이용하여 부하 직원을 괴롭히는(Power harassment) 괴물이 아니다.

본디 신의 정의는 무엇일까? **본래 당신 안에 존재하고 있지만, 평소에는 제대로 발휘되지 않는 강한 인내와 생명력을 이용하여 이성, 지성, 사랑으로 소원을 이루어 나가는 '터무니없을 정도로 강한 힘'**을 의미한다.

리더가 팀을 이끌어 나가려면 일종의 '강인함'이 필요하다. 마음속에 숨겨진 '신'처럼 '흔들리지 않는 통솔력'이 있기에 태연하고 가뿐하게, '부처님'의 미소로 여유롭게 부하 직원들을 지휘할 수 있는 것이다.

시대가 변해도 매니지먼트의 본질은 변하지 않는다. 그렇기에 **나는 지금까지도 그래왔듯 앞으로도 오로지 '신의 왕도'만을 걸어가리라. 하지만 팀의 경영 전략이나 부하 직원에 대한 코칭 스킬만은 항상 '시대의 최첨단'을 달려왔다고** 자부할 수 있다.

지금도 여전히 생명보험회사 내 직판 조직이라는 가장 어렵다고 일컬어지는 영업 부대를 이끄는 한편 매일매일 지사장 및 매니저들을 대상으로 리더 교육에 몰두하고 있기 때문이다.

이러한 경험들을 정리하여 집필하고 발행한 책도 어느덧 열세 권째가 되었다.

항상 현장에서 배운(Input) **'리더 육성법'을 집필과 강연으로 세상에 내놓는다**(Output). 이렇게 경험치를 쌓아온 '리얼리즘(Realism)'이야말로 나의 강점이다.

20년이 넘는 오랜 세월 동안 '관리직도 성과급제'인 냉혹한 생명보험업계에서 도태되어 가는 안타까운 리더의 뒷모습을 수없이 많이 봐왔다. 한때 기세를 몰아 조직을 확대해 가며 큰돈을 거머쥐었지만, 결국에는 발을 헛디뎌 굴러 떨어져버린 그들에게는 매니지먼트의 본질을 꿰뚫어보는 힘이 없었다.

아무리 우수한 정예 부대를 맡게 된다 해도, 아니 오히려 우수한 정예 부대이기에 더욱, 리더가 한 번 **지휘봉을 잘못 휘두르면 한순간에 온갖 도깨비**[魑魅魍魎, 이매망량]**들이 제멋대로 날뛰는 오합지졸로 바뀌고 만다. 이것이 바로 조직**이다.

최전선에서 부하 직원을 육성하는 영업소장으로서, 영업소장을 관리하는 지사상으로서, 지사장을 통솔하는 통괄부장, 본부장으로서 직접 그들을 지도하며 현실을 접해 왔다.

지금 현재도 몇몇 지사를 통괄하는 부문의 이그제큐티브 트레이너를 겸임하며 리더 교육의 진수를 탐구하고 있다.

그리고 이러한 실제 경험으로 얻은 비법을 정리하여 지금 이렇게 '신의 책'을 공표하기에 이르렀다. 방대한 데이터를 바탕으로 도달한 리얼한 '신 100법칙'이다.

혹시 '나는 리더에는 어울리지 않아'하며 포기하려고 하지는 않았는가?

부디 포기하지 말기를 바란다. 지금부터라도 당신의 매니지먼트 능력을 충분히 발휘하여 팀 멤버들을 각성시킬 수 있다.

'공명정대한 태도로 부하 직원들에게 비전과 미션을 제시할 수 있어 멤버들이 자발적으로 활기차게 일하기 시작한다.'

'주눅 들지 않고 부하 직원의 마음을 파고드는 대화를 할 수 있어 인재 육성에서 도망치지 않는 사람이 될 수 있다.'

'리더라는 자긍심을 가슴에 품고 부하 직원을 지휘할 수 있어 자존감과 위엄을 지키며 직무에 매진할 수 있다.'

'신'이 되어 리더십을 발휘하는 데는 천재적인 매니지먼트 능력이나 언발에 오줌 누기 식 인심 장악술 따위 필요 없다. 부하 직원보다 자기 자신을 더 다스리고, 더 갈고닦으면 된다. 그리고 그럴 '각오'를 해야 한다.

슬럼프 지옥에서 빠져나오지 못하고 있는 모든 리더들에게 구체적으로 어떻게 관리하면 팀이 활성화될 수 있는지, 그 '신의 비법'을 백 가지 메시지에 담아 전달하고자 한다.

지금까지 이 책과 같은 리더 관련 도서는 이 세상에 나온 적 없다고 단언할 수 있다. 그 정도로 퀄리티에 자신이 있다.

이 책을 다 읽는 순간 당신은 '이 방법이라면 지금 당장이라도 시도해 보고 싶다!'며 마치 괴물처럼 우렁차게 소리치리라. 그리고 틀림없이 매니지먼트에 제대로 한 번 빠져보고 싶다는 생각도 들리라.

이 책이 당신의 마음속 '신'을 각성시키는 데, 조금이나마 도움이 되기를 바라마지 않는다.

-하야카와 마사루

차례

1장
Managements
신神경영

Coachings
신神코칭

3장
Spirits
신神정신

4장

Habits
신神습관

Managements
신神경영

당신이 마주하지 않았던 문제는 언젠가 운명으로 만나게 된다.
칼 구스타브 융(Carl Gustav Jung)

만약 누군가가 당신을 한 번 배신했다면 이는 그들 책임이다.
만약 그들이 당신을 두 번 배신했다면 이는 당신 책임이다.
안나 엘리너 루스벨트(Anna Eleanor Roosevelt)

혼자서 꾸는 꿈은 그저 꿈일 뿐이다.
하지만 누군가와 같이 꾸는 꿈은 현실이다.
오노 요코(小野洋子)

비아냥거리지 마라
'대놓고' 화내라

밉상 리더의 대표격은 냉소적인 빈정거리기 대장이다. 대놓고 혼내지 못하기에 아무래도 변화구 승부에 나서고 만다. 반면 흔히 말하는 '착한 리더'는 돌리고 돌려서, 끊임없이 잔소리를 해댄다. 하지만 좀처럼 핵심을 찌르지 못한다. 중대한 실수를 바로잡거나 거듭되는 미스를 지적할 때는 벼락같이 화를 내는 편이 양쪽 모두 후련한 법이다. **혼이 나야 마땅할 정도로 큰 실수를 저지른 부하 직원 입장에서 보면 오히려 대놓고, 된통 혼나서라도 '죗값을 치르고 싶을' 터이다.**

'부하 직원에게 미움 받고 싶지 않다'는 두려움이 그 근본에 자리 잡고 있기에 대놓고 혼내지 못한다. '다른 사람에게 사랑받고 싶다'는 소극적인 생각이 브레이크를 건다. 이런 리더의 정체는 그저 에고이스트일 뿐이다. 착하고 아니고의 문제가 아니다.

오히려 부하 직원이 거북스러워하는 '짜증나는 사람'이라는 사실을 자각하기 바란다.

사실 혼내지 못하는 리더와 고압적이고 자기의 지위를 이용해 부하 직원을 괴롭히는 리더의 심층 심리에는 공통점이 있다. 그렇다. 바로 **'자기중심적'**이라는 점이다. 둘 다 진정으로 부하 직원을 위하는 행동이 아니라는 점만은 확실하다. 오히려 혼내지 못하는 태도는 '자기 자신을 괴롭히는 에고 해러스먼트(Ego harassment)'다. 제대로 혼내지 못하면 부하 직원과의 신뢰 관계는 계속 악화될 뿐이다. '대놓고 혼내는' 행위를 계속 뒤로 미루다 보면 서서히 증오의 감정이 커져간다.

자기중심적인 리더는 '사실은 혼내고 싶은데 그러지 못해서' 매일매일 참고 산다. 부하 직원의 실수를 못 본 척하고, 상냥한 말로 에둘러 주의를 주는 것으로 끝낸다. 하루하루 참고, 참고, 또 참는다. 그리고 이러한 인내가 계속해서 쌓이다 보면 결국 마음속 깊은 곳에서 '분노'의 마그마가 부글부글 끓어오르기 시작한다. 하지만 **이를 폭발시키지 못하는 자기중심적인 리더는 때때로 이를 통제하지 못하고 '비아냥'이라는 김 빼기로 부하 직원을 공격하기 시작**한다. 그러면 두 사람의 관계는 더욱 악화되고, 결국은 부하 직원에게 미움 받는 처지가 되고 만다.

'비아냥거리기 달인'이라는 가면을 벗어던지면 '반야면(般若面)처럼 생긴 리더'의 정체가 들통 날 것이 분명하다. 그렇다면 차라리 부하 직원이 미워지기 전에, 또는 그들에게 미움 받기 전에 스트레이트 승부로 따끔히 혼내는 편이 낫다.

부디 착한 리더인, 아니 착한 리더이고 싶은 당신, 혼내야 할 상황에서는 **의식적으로 '폭발 스위치'를 눌러 후련해지도록 하자.**

평등하게 대하지 마라
'불합리 대마왕'을 목표로 삼아라

부하 직원을 똑같이 대해야 한다는 생각에 '평등하게, 평등하게' 팀을 운영해 나가기 위해 노력하는 리더가 많은 듯하다. 분명 불평등하다고 느끼면 부하 직원의 의욕은 떨어진다. 그렇기에 성실한 리더일수록 불평불만이 나오지 않도록 부하 직원을 평등하게 대한다.

하지만 과연 이 방침이 '옳을까?' 아니, 애당초 모든 부하 직원을 평등하게 대하는 일 자체가 '가능'할까? 대답은 '아니'다. 대체로 **모든 멤버를 평등하게 대하려는 시도 자체가 무리다. 또 의미도 없다.**

오히려 '불합리 대마왕'을 목표로 삼길 바란다. 어차피 이 세상 자체가 불합리하다. **직장도 예외는 아니다. 불평등, 불공평, 불합리한 일들이 판치고 모순과 대립이 소용돌이치는 '마계(魔界)'다.**

예를 들어 실적이 좋은 사원에게 더 좋은 우수고객이 돌아간다. 상사를 잘 치켜세우는 사원의 월급이 더 높다. 바쁜 사원일수록 일이 늘어난다. 남성보다는 여성 사원이 떠받들어진다. 회의에서 정론만 주장하는 사원은 좌천된다. 마음 약한 사원에게 자질구레한 일들을 시킨다. 일을 잘못해도 학력이 높은 사원은 이래저래 대우를 받는다.

이런 일들은 불평등한 불합리함이라기보다 웃으려야 웃을 수 없는 '우리네 직장 내 흔하디흔한 일'이다.

만약 '왜 ○○씨만', '○○씨는 교활해' 등과 같은 푸념이 들려온다면 그때는 '뭐라고? 그게 뭐?'하며 **뻔뻔한 대마왕 같은 태도로 일관하기를 바란다.**

더는 시샘하고 푸념하는 부하 직원의 기분을 풀어 주려 하지 않아도 된다. 마치 도를 터득한 대마왕 같은 모습을 보여 부하 직원들이 불평등한 불합리함을 받아들이게 만들어야 한다.

어중간한 태도로 평등하게 대하는 척하고, 쭈뼛쭈뼛 살금살금 숨어서 일을 꾸미고, 그때그때 대응이 다르다면 오히려 신뢰를 잃어버릴 수 있다.

당신은 하루하루 열심히 리더 역할을 완수하기 위해 얼마나 최선을 다하는가! 그런데 무엇을, 어떻게, 얼마나 더, 어찌할 도리도 없는 작은 일에 에너지를 소모해야 한단 말인가? 더 중요한 일이 산더미처럼 쌓여있지는 않은가? 당신 눈앞에 더 우선시해야 할 일들이 놓여 있지는 않은가?

애당초 시샘이나 푸념은 '어느 직장에나 있는 흔하디흔한 일', 그런 환경에 익숙해질 수밖에 없다. 무엇보다 **부하 직원들에게 직장이란 '불합리함을 인내하는 방법을 배우는 수행의 장'이라는 사실을 가르쳐 꼭 주어야 한다.**

따분한 정례회의는 그만
'이벤트의 주최자'가 되어라

당신의 팀도 매월, 또는 매주, 아니 매일같이 회의를 여는가? 이유는 모르겠지만, '정례회의를 너무나도 좋아하는' 리더가 적지 않은 듯하다.

하지만 **리더의 이야기가 일방적으로 끊임없이 이어지는 세리머니, 설교 삼매경, 협박과 으름장이 판치는 축제로 변해버린, 리더의 자기만족을 위한 회의**가 대부분이다. 회의에 참가한 팀 멤버의 기분은 어떨까? 당연히 '지긋지긋'하지 않을까?

리더 자신이 부하 직원이었을 땐 '내가 저 자리에 앉으면 저런 한심한 회의 따위 때려치울 거야'하며 단단히 마음먹었을 텐데 막상 리더가 되고 나면 감각이 마비되고 마는 것일까? 똑같은 '익살극'이 반복되고 있는 현실이다.

리더가 부하 직원에게 자기 입으로 직접 전달하고 싶은 이야기가 산더미처럼 많다는 점은 잘 안다. 하지만 대부분의 전달 사항은 메일로 끝낼 수 있는 내용들이다. 일단 부하 직원들은 그 고문에 질려있다.

나아가 영업 실적 등의 달성 상황도 수치를 발표하고는 끝! 하는 경우가 많다. '그래서 어쩌란 말이지?' 정말 완전한 '시간 낭비'다. 게다가 그런 발표가 망가진 비디오테이프처럼 몇 번이고 반복된다. 공로자를 칭찬하는 짝짝짝 박수도 노래방에서 간주가 흐를 때 들을 법한 예의상 치는 박수 같다.

마치 종적 행정 방식의 관공서처럼 각 부서에 균등하게 할당되는 전달 시간 또한 폐지해야 할 세리머니 중 하나다. 의제(Agenda)는 정말 필요한 안건으로만 압축해 주기를 바란다.

익살극의 주인공인 리더가 주최하는 회의의 특징은 팀 멤버의 눈이 다 죽어 있다는 점이다. 얼굴이 전혀 빛나지 않는다. 이래서야 도대체 무엇을 위해 회의를 하는 건지 알 수 없지 않은가! 회의는 목적을 위해 열띤 논의를 주고받는 진지 모드의 장이어야 한다.

이제 정말 따분한 정례회의는 그만두길 바란다.

앞으로 당신은 **'이벤트의 주최자로서' 회의를 열어야** 한다. 멤버 전원은 이벤트에 참가한 고객들이다. **다시 참가하고 싶은 마음이 들 수 있도록 가슴이 두근거리는 의제를 준비해야 한다. 또 단골(Repeater)이 늘 수 있는 기획 및 연출을 끊임없이 내놓지 못한다면 고객들은 금세 질려한다.** 빛바랜 매너리즘, 이것이야말로 팀에게 가장 무서운 존재다.

음악, 영상, 음향, 자리배치, 조명 등은 괜찮은지 이 기회에 하나부터 열까지 곰곰이 다시 돌아보기를 바란다. **주빈은 리더인 당신이 아닌 부하 직원이다.**

다수결은 그만 '독단'적으로 의사 결정하라

'회의가 너무 길다', 리더에게 이런 불만이 있다고 치자. 이는 '회의의 목적이나 취지를 잘 모르겠다', '회의를 위한 회의로 변질되어 버렸다', '항상 결론이 나질 않는다' 등과 같은 심각하고도 영원한 과제다.

이렇듯 **의사 결정을 내리지 못하는 리더를 보는 팀 멤버는 '우유부단하고 믿음직스럽지 못하다'며 항상 초조해한다.** '결정을 내리지 못하는' 못난 리더의 전형이다. **최종적으로 속시원하게 이해할 수 있는 결론만 내준다면 회의가 아무리 길어져도 길게 느껴지지 않는** 법이다. '이걸로 가자!' 등과 같이 리더의 명쾌하고 자신만만한 의사 결정만 있으면 부하 직원들은 '이거라면 왠지 잘될 것 같아!' 하는 생각에 모두 힘을 낼 수 있다.

가령 부하 직원을 모아놓고 회의를 열었다고 치자. 전술은 두 가지. 둘 다 일장일단이 있고, 메리트와 디메리트가 있다. 멤버들 의견을 듣고 있자니 우열을 가리기가 힘들다. 자, 이럴 때 당신이 리더라면 어떻

게 하겠는가? 중요한 문제니 다음 날로 '미루겠는가?'

아니, 잠깐만! 애초에 부하 직원의 불만은 '항상 회의에서 결론이 안 난다'가 아니었던가! 이래서야 '또 리더는 아무 결정도 내려주지 않았다'는 불만만 고조되고 만다.

이에 지금 당장 결론을 내고 싶은 리더는 '다수결로 결정하자!'고 말을 던진다. 분명 합의 후에 하는 다수결은 민주주의 정신을 따르고 멤버의 의견 또한 존중할 수 있어 언뜻 올바른 결정방식처럼 보인다.

하지만 부하 직원에게 책임을 전가하지 않기 바란다. 나올 만한 의견이 다 나왔다면 이제는 리더가 나서야 할 차례다. **리더가 직접 마음을 굳게 먹고 결정할 수 있는 용기를 보여주기 바란다. 바로 독단으로 결정하는 도량**이다. 가령 아흔아홉 명이 반대하더라도 리더 혼자서 그 반대를 무릅쓰고 결정한다. 그 독단이 부하 직원들의 반발을 부르고 안 부르고는 리더 스스로가 그 결론을 '믿느냐 안 믿느냐'에 달려 있다. 그리고 그 결론을 믿는 힘은 '설득력'에서 나오므로 **부하 직원을 설득하기 전에 확실하게 '자기 자신부터 설득'해** 놓아야 한다. 그리고 최후의 순간, **근거를 제시한 '뜨거운 일장연설'로 한 방 날려주기를 바란다.**

'그렇구나!'하며 이해하는 순간 부하 직원들은 목적을 향해 움직이기 시작한다. 그리고 그 추진력은 때로는 불가능하다고 여겨졌던 독단조차도 가능한 일로 바꾸어 버린다. 팀 내에는 문제가 산더미처럼 쌓여 있다. 이리저리 헤매고 있을 틈이 없다. **속도감 있는 의사 결정력이 중요하다.** 당신이 믿는 길을 향해 힘차게 나아가며 독단, 독단, 독단으로 결정해 주길 바란다.

'위기감'을 부추기지 마라
가슴 뛰는 세계로 이끌어라

궁지에 몰린 리더의 입에서는 비장감 넘치는 메시지밖에 나오지 않는다. 그저 '위기감'을 부추기고 계속해서 팀 멤버를 위협한다. 이는 고압적인 리더가 가장 전형적으로 구사하는 패턴이다.

'이 목표를 달성하지 못하는 사람은 강등 아니면 감봉이야.'

'이 신상품이 안 팔리면 더는 업계에서 살아남을 수 없어. 이번엔 진짜 경영파산이야.'

'작년에는 80퍼센트였는데, 올해는 60퍼센트로 떨어졌어. 이대로 가다간 해체밖에 답이 없어.'

이러한 서바이벌 환경에서 벌칙 게임만 하다 보면 영원히 이 악순환을 끊어낼 수 없다. **'인간은 공포로 움직이는 존재'라고 굳게 믿으며, 페널티로 점철된 방침을 내걸고 계속 압력만 가한다면 팀은 점점 약해질 뿐이다.**

가끔은 발등에 불이 떨어진 부하 직원이 갑자기 의욕을 보이는 등 일시적인 효과가 있을지도 모른다. 하지만 동기부여가 '협박'인 이상 오래 지속되지는 않는다. 이러한 서바이벌 정글에는 우선 가슴 뛰는 비전이 없다. 미래를 향한 희망 따위 존재하지 않고, 그저 피폐해져 갈 뿐이다.

팀 분위기도 우울해지고 인간관계도 삐걱거리기 시작한다. 동기부여가 안 되고 실적도 오르지 않는다. 회사를 그만두는 사람이 마치 눈사태라도 난 것처럼 끊임없이 생겨나고, 팀 분위기는 점점 안 좋아진다.

앞으로 리더는 **부하 직원들이 '생존'이 아니라 '번영'이라는 긍정적인 목표를 향해 진심이 될 수 있는 메시지를 전달해 나가야 한다.** 이것이 리더가 해야 할 일이다.

'목표를 달성한 멤버들을 모아 프로젝트 팀을 꾸릴 거야. 세계로 진출해 보자고.'

'이 신상품만 팔리면 우리는 개척자가 될 수 있어. 그럼 업계를 독점할 수 있다고.'

'작년에는 80퍼센트였는데, 올해는 60퍼센트로 떨어졌어. 하지만 120퍼센트까지 끌어올려 업계 1위를 탈환할 수 있는 비장의 카드가 있지. 바로 이 계획이야!'

이처럼 **가슴 뛰는 세계로 팀 멤버들을 이끌어주길 바란다.** 하루라도 빨리 서바이벌 정글에서 벗어나 가슴 뛰는 비전의 세계로 멤버들을 초대하도록 하자. 그곳에는 사명감이 있는가? 그곳에는 의미가 있는가? 그곳에는 성취감이 있는가? 그곳에는 어떤 메리트가 있는가? 그곳에는 즐거움이 있는가? 그곳에는 행복이 있는가? '가슴 뛰는 세계에 온 것을 환영한다', 이 견인력이야말로 신 리더의 진면목이다.

'당근'을 흔들지 마라
물욕과 금전욕의
한계를 통감하라

위기감을 부추기고 위협만 하는 매니지먼트는 최악이고, 포상으로만 꾀는 매니지먼트는 '조악(粗惡)'하다. 하지만 흔히들 말하는 '당근 작전'은 많은 리더들이 가장 선호하고, 가장 뛰어난 속효성과 침투력을 보이고, 가장 전통적인 '동기부여'의 수단으로 이용되지 않는가?

단, 정말 당근 작전이 부하 직원의 동기를 환기시킬 수 있을지는 심히 의문이다. 특히 영업 및 판매 부문에서는 ○○캠페인이나 ○○어워드 등과 같이 상으로 유혹하는 시책이 끊임없이 쏟아져 나온다. 거액의 포상금을 비롯하여 '이래도?', '이래도 안 할 거야?'하며 마치 폭풍이 몰아치듯 시책을 내놓고 금품을 뿌려댄다. 점점 커져만 가는 판은 차마 눈뜨고 볼 수 없을 지경이다.

사기가 떨어지면 안 되니까 '당근', 실적이 떨어져도 안 되니까 '당근', 이런 상황이 일상이 되다 보니 '당근'은 점점 더 커질 수밖에 없다.

생명보험업계의 영업 조직도 예외는 아니다. 이미 마비되었다고 표현해도 좋을 정도로 엄청난 '당근 대작전'이 펼쳐진다. 약한 '상'으로는 아무도 움직여주지 않으니 '자극'은 점점 더 과하게 업그레이드될 수밖에 없다. 나아가 점점 더 호화찬란한 '당근'을 매달아주어야 하는 악순환이 반복된다. 분명 열심히 일하는 부하 직원을 '칭찬'하여 그들의 인정 욕구를 충족시켜 주는 일은 중요하다. 때로는 그들의 성취욕에 불을 지피기 위해 필요할지도 모른다.

하지만 역시 '당근 작전'에는 한계가 있다. 아무리 효과가 좋아도 그렇지 오로지 당근 작전만 내놓는다면 너무 뻔하지 않은가? 잘 생각해보길 바란다. **'당근'을 매달아 놓지 않으면 움직이지 않는다는 믿음 자체가 부하 직원을 너무 '바보' 취급하는 것은 아닐까?**

부하 직원은 월급은 물론 보너스도 받는다. 승진, 승급을 위한 평가 제도도 있다. 또 조직에는 이념, 비전, 미션도 있다. 애당초 일이란 '자기실현'을 위한 수단이 아니던가! 경험이야말로 가장 큰 보수고 인생의 '상'이 아니던가!

당근 작전을 너무나도 좋아하는 리더는 자기 스스로 '부하 직원들에게 동기부여도 제대로 못하고 대책도 없는 부실한 리더'라는 사실을 선언하는 셈이다. 그러니 남들이 그렇게 본다 해도 어쩔 수 없다. 지금은 꾹 참아야 할 때다.

당근을 매달아 놓고 '달려, 달려'하며 '말 엉덩이'를 치는 손쉬운 작전은 적당히 하도록 하자. 이제부터는 '말고삐를 거머쥔' 신과도 같은 매니지먼트를 추구해 나가야 하지 않겠는가!

팀을 보지 마라 '한 사람, 한 사람'과 엮여라

팀을 움직이려 할 때 아무래도 '전체'를 하나로 묶어 일괄 관리하기 십상이다. 하지만 **팀을 성공으로 이끄는 지도법의 대원칙은 '신의 맨투맨'** 이다.

전체를 호령하며 고무하는 리더십도 분명 필요하리라. 하지만 이는 맨투맨 디펜스 체제가 제대로 구축되었을 때의 이야기다.

의외로 이 세상에는 맨투맨 지도를 홀대하는 리더가 많다는 사실에 깜짝 놀라곤 한다. 그런 리더들에게는 톱다운 방식의 대호령을 좋아하는 '독불장군 타입', 두뇌는 명석한데 다른 사람에게 관심이 없는 '나르시스트 타입', 무슨 일이든 대충하고 귀찮아하는 '게으름뱅이 타입', 온화하고 우등생이지만 일방통행만 하는 '학급 임원 타입' 등의 특징이 있다.

그 근본에 '개인'과 관계를 맺는다는 발상 자체가 없으니 부하 직원에게 신뢰를 받지 못하는 것도 무리는 아니다. 좀더 이야기하자면 **그들에게는 부하 직원을 인간으로 보지 않는 경향이 있다.** 애당초 부하 직원에게 흥미가 없기에 책상 위 데이터만으로 그들을 판단하려 한다. 한 사람 한 사람의 감정에 어필하기보다 권력을 휘두르고 논리로 팀 전체를 움직이려 하기 십상이다. 부하 직원을 장기판의 '말'정도로만 본다. '우향우'하고 외치면 팀이 움직일 것이라는 환상을 믿는다.

실적이 부진한 이유는 부하 직원과의 부족한 대화에 있다. **일이 얼마나 진척되었는지도 모르고, 개별적인 실적도 제대로 파악하지 못한다. 부하 직원이 무슨 일로 고민하고 있는지 알려고 들지도 않는다.** 정말 기가 막힐 정도로 '진실'을 보지 못한다.

이래서야 리더와 부하 직원의 거리는 점점 더 멀어질 뿐이다. 분명 리더의 눈에는 현장이 전혀 보이지 않으리라. 정말 멋진 '벌거벗은 임금님'의 탄생이다. 부하 직원들의 불만은 항상 이렇다.

'리더는 현장을 몰라. 실태가 어떤지 전혀 몰라.'

'리더의 빡센 방침은 따라갈 수가 없어. 아니 애당초 이해할 수도 없어.'

'윗사람들한테 아부나 하고! 정말 꼴불견이야. 우리한테는 관심도 없어.'

이런 상태에서 팀이 제대로 기능할 리 없다. 리더의 눈에 비치는 모습은 실태가 아닌 허상일 뿐이다.

진실을 알고 싶다면 부하 직원 한 사람 한 사람과 깊이 있는 대화를 나누고 신 같이 정보를 수집하는 수밖에 없다. 팀 전체만 보면 안 된다. 철저하게 '한 사람, 한 사람'과 엮여라!

사생활과 일을
구분하지 마라
'빅 대디'를 목표로 삼아라

'일과 사생활은 구분하고 싶다', '집안일에는 끼어들지 않았으면 좋겠다', '사원 여행이나 간담회 같은 건 안 했으면 좋겠다' 요즘 이런 부하 직원들이 점점 늘고 있는 듯하다. 이런 생각을 하는 요즘의 젊은 사원을 향한 빗나간 간섭은 노무 문제로 이어질 수 있다. 과잉 참견과 업무 시간 외 강제적 구속은 트러블의 원흉이 되기도 한다.

따라서 부하 직원의 사생활에 일체 간섭하지 않는 사무적인 매니지먼트도 나쁘지 않을지 모른다. 하지만 여기에는 한계가 있다. 게다가 치명적인 결함도 숨어 있다.

실제로 업무상의 문제는 표면화되기 쉽다. 또 아무리 난해한 문제라도 어차피 업무상의 문제니 그 나름 해결책을 찾아나갈 수 있다. 하지만 가정문제라면? 쉽사리 도움의 손길을 내밀 수도 없는 노릇이다.

하지만 **개인적인 고민이 업무에 크나큰 부정적인 영향을 미치는 것 또한**

사실이다. 일할 의욕, 집중력, 시간, 체력 등 하나부터 열까지 다 빼앗아 가 버린다. 이에 세상 사람들이 시대에 뒤떨어졌다며 반론할 것을 알면서도 굳이 한마디 하고자 한다. **리더되는 자여, '부하 직원의 사생활 속으로 들어가고, 그들의 인생에 관심을 가져라.'**

예를 들어, 당신은 모든 부하 직원의 생일을 아는가? 가족 구성은 물론 아이들 이름과 나이도 빠짐없이 아는가? 부모님이 건재하신지, 건강 상태는 어떠신지 아는가? 취미가 무엇이고 휴일에 어떻게 시간을 보내는지 등 부하 직원의 일상이 어떤지 아는가?

만약 '모른다'면 지금부터는 부하 직원의 '모든 인생'에 흥미를 가지기를 바란다. 가족 이야기로 말을 걸어 **부하 직원에게 관심을 보여주길 바란다. 부하 직원의 '사생활'에 대한 관심 없이 그들의 '사생활' 매니지먼트가 가능할 리 없다.** 어느 시대나 리더와 부하 직원은 가족보다 더 많은 시간을 함께 보낸다. 그런 부하 직원에게 가족 이상으로 흥미를 가지면 '강한 유대감'이 생겨난다. 그리고 그 결과 만일의 사태가 발생했을 때 선수를 칠 수 있다.

영업소장, 지사장 자리에 있을 때 자주 부하 직원 가족들과 함께 식사하는 자리를 마련하곤 했다. 이를 통해 가족들이 회사 업무를 이해하게 되면서 응원해 주는 긍정적인 효과도 얻을 수 있었다. 나아가 '그 가족까지 포함하여 부하 직원에 대한 책임감'이 더욱 커지는 리더로서의 자각심도 일깨울 수 있었다.

리더 당신의 가족은 물론 부하 직원의 가족 또한 당신의 '가족'이다. 그리고 리더인 당신은 그 집의 가장이자 '빅 대디(Big daddy)'다.

인재로 키울 수 있다는 생각은 하지도 마라
'환경'으로 인재를 육성하라

인재 채용과 인재 육성은 두말할 필요도 없이 조직 발전에 없어서는 안 될 양쪽 바퀴다. 하지만 지금은 공급자 우위 시장이다. 스펙 좋은 인재를 대거 채용하기가 너무나도 힘든 현실이다. 한정된 우수한 젊은이들을 사이에 두고 이미 쟁탈전 양상을 보이고 있다.

여기서 발생하는 뻔한 비극. 바로 능력도, 적성도, 경험도 떨어진다는 사실을 뻔히 알면서도 '사람이 필요하다'는 점만 크게 부각되는 헤일로 효과(Halo effect)에 휩싸여 '머릿수만 채우는' 채용으로 치닫고 마는 것이다.

'시간과 비용을 들여 가르치면 된다'는 대의명분 아래 **타협의 산물, 즉 '육성해야 할 인재를 채용'**하고 만다.

그 결과 수많은 턴오버(Turnover) 팀을 탄생시키고 마는 실수가 두드러지는 곳이 바로 생명보험업계다. **턴오버란 조직 내 세포가 '증식과**

사멸'을 반복해 나가는 과정을 의미한다. '육성 전용'으로 채용된 부하 직원이 전력으로 잘 자라나는 예는 거의 없다.

아무래도 **육성을 전제로 한 채용에는 초조함뿐 아니라 '리더의 오만'도 숨어 있는** 듯하다.

20년, 30년이라는 세월 동안 인생 경험을 쌓아 온 '어엿한 어른'도 잘만 가르치면 크게 변할 수 있다? 이런 생각 자체가 한심하고 불쌍하다. 물론 어느 정도의 스킬이나 지식은 습득할 수 있으리라. 경험으로 배우는 것도 있으리라. 과학적으로 연구하고 또 연구한 교육 프로그램을 통해 성장해 나가는 부하 직원 또한 분명 있으리라.

하지만 여기에는 어떤 특정 능력이나 적성이 전제되어야 한다. 애당초 '육성'은 특별한 일이 아니다. 당연히 해야 할 루틴 워크다.

인간이 태어나 자라면서 얻은 능력이나 적성은 아무리 발버둥 쳐도 거의 변하지 않는다. 다만 **소질을 살릴 수 있느냐 없느냐의 문제일 뿐이다. 부하 직원이 자라나느냐 마느냐는 '환경'에 달려있다.**

내 경험만 봐도 그렇다. 좋은 환경에서는 인재가 자라난다. 환경만 좋으면 '살아있는 모든 생명체'는 저절로 자라나는 법이다. 좋은 공기, 맛있는 물, 먹이, 좋은 동료가 있는 그리고 여기에 훌륭한 리더가 있는 환경에서는 생명체가 쭉쭉 자라난다.

따라서 부하 직원 한 사람, 한 사람의 육성이 아닌 혼탁하기 그지없는 '환경부터 먼저 정비하라'고 큰소리로 외치고 싶다. **침체 상태에 빠진 부하 직원을 환경이 잘 정비된 조직으로 옮겨 다시 교육시켜야 한다. 아무리 시간이 지나도 환경이 정비되지 않는 조직은 '사멸'시켜야** 한다.

평온하게 두지 마라
마구 뒤섞어 계속
'자극'을 주어라

매너리즘을 두려워하길 바란다. 조직은 살아있다. 팀 멤버들이 기분 좋게 호흡할 수 있도록, 또 병에 걸리지 않도록 항상 새로운 공기로 바꿔 주어야 한다.

평화로운 날들에 평온히, 멍하니 살다 문득 정신을 차리고 보면 공기는 탁해지고 멤버들의 사기는 저하되어 있다. 실적도 하향 곡선을 그리고 회사를 그만두는 사람이 끊이질 않는다.

간과하기 쉬운 부분인데, 그 원인은 대부분 고정화된 인사에 있다. **조직을 손쉽게 되살릴 수 있는 방법은 즉효성 있는 '인사이동'밖에 없다.**

인사 권한이 있는 리더라면 즉시 결단을 내려 '인재를 발탁'하고 '모두가 깜짝 놀랄만한 배치전환'을 속속 단행해야 한다.

인사 권한이 없는 리더라면 관련 각 부서에 압력을 넣어 사내 정치를 움직이고, 임원이나 윗사람을 설득하고 협상하여 최대한 인사이동을 이끌어낼 수 있는 노력을 게을리 해서는 안 된다. 가령 권한이 별로 없더라도 리더가 할 수 있는 범위 내에서 최대한 팀 구성을 바꾸어 보는 등 조직 내 '인사'에 변화를 주어야 한다.

연도 말이나 반기 말에 하는 인사이동 타이밍과 맞추지 않아도 된다. 기(期) 중간이라도 상관없다. **더 늦기 전에 365일 내내 부하 직원에게 지속적인 긴장감과 '자극, 충격, 극적인 효과'를 선사하길 바란다.**

무엇이 무서워 꾸물꾸물 결단을 뒤로 미루는가! 조직 내에 미칠 악영향(Halation)이나 불평불만이 두려워서? 이동 당하는 부하 직원이 불쌍하다는 동정심 때문에? 조직 개편에 실패했을 때 책임을 추궁당할까 두려워서? 정말 한심하다. 리더의 이러한 우유부단함 때문에 멤버들의 초조함이 극에 달한다는 사실을 깨달아야 한다.

하지만 **단순한 로테이션 인사는 재미없다.** 아무런 의미도 없고 오히려 역효과만 난다. 어디까지나 **적재적소의 인사, 전략적이고 자극적인 인사가 바람직하다.**

실적이 바닥을 치던 지사의 지사장직을 맡게 되었을 때 여섯 개 중네 개 영업소의 영업소장을 강등 또는 배치전환하여 전체를 완전히 다 뒤엎어 버렸다. 그리고 이 인사이동 덕분에 그 후 100명의 멤버를 이끌고 전국 넘버원 지사로 우뚝 설 수 있었다. 이 자극책이 없었다면 절대 불가능했다고 단언할 수 있다.

약간의 부작용은 예상할 수 있다. 하지만 약 기운이 떨어지기 전에 항상 고정관념에 사로잡히지 않고, 과감하게(Drastic) 조직을 만들어 나가야 한다는 사실을 유념하길 바란다.

11

뒤에서 몰래 하지 마라
모든 일을
'가시화'하라

이미 오래 전에 연공서열이라는 에스컬레이터 방식의 인사 시대는 끝났다. 하지만 많은 리더들이 여전히 연공서열이라는 '환상' 속에서 움직이고 있다. 승진 인사에서 연차가 중요하다는 사실은 잘 안다. '이제 슬슬 내 차롄가' 하며 기대하는 부하 직원의 순번을 그냥 건너뛴다면 조직 내에 악영향을 미칠 우려도 있으리라.

부하 직원을 불쌍히 여기는 마음도 인간으로써 당연하다. 하지만 리더에게 동정심은 금물이다. 단순히 직장에서 보낸 '시간'만을 따진다면 숨 쉬는 것만으로도 평가할 가치가 있다는 말이 된다. 평가자인 당신은 분명 이렇게 반론하리라.

'근속 연수만 본 게 아니다. 오랜 세월 보여준 노력도 평가한다.' 일리 있는 말이다. 하지만 그 '노력'이 상당히 수상쩍다. 혹시 '노력'보다는 '호불호'나 '이미지'로 평가하지는 않았는가?

인사 평가는 모든 멤버가 수긍할 수 있는 어디까지나 객관적인 성과로 '가시화'하여 판단해야 한다. 승급 평가나 승진 인사에 '호불호'가 끼어들면 일이 제대로 될 리가 없다. 불신감은 팀의 사기를 확실히 떨어뜨리기 때문이다. 따라서 부하 직원을 평가할 때는 그가 구체적으로 '무엇을 했는지'로 평가하는 편이 좋다. 멤버들은 명확한 '실적'을 토대로 한 인사 평가인지 아닌지 확실히 심판한다. 밀실 인사는 피하길 바란다. 투명성이 중요하다.

한편 '아무 일도 하지 않는' 부하 직원은 강등시키는 인사를 단행해야 한다. **일하지 않는 부하 직원은 숙청하고 또 숙청해도 좋다.** 에스컬레이터 층계참에서 낮잠 자고 있는 부하 직원을 묵인하는 일 따위 있을 수도 없다. 하물며 그런 부하 직원을 연공서열이나 좋아한다는 이유만으로 승급시키는 일은 절대 있어서는 안 된다. 예를 들어 다음과 같이 '눈에 보이는 성과'로 공평하게 평가하면 어떨까?

모든 실적은 '수치화'하여 눈에 보이는 구조로 만들어 놓는다. 평가 결과는 팀 전체에 당당하게 '발표'한다. '보이지 않는 노력'을 찾아내어 속속 공표한다. 팀이나 동료에 대한 '협력과 기여'도 평가한다. 새로운 '도전'을 칭찬한다. '루틴 워크 이외'의 업무를 더 높이 평가한다. '개선' 여부를 기준으로 삼는다. 보고만 듣고 판단하지 않고 현장에서 '사실'을 본다. '고객의 목소리'를 평가 대상에 추가한다. 상사의 상사보다 '부하 직원의 부하 직원'의견을 더 존중한다. 이처럼 **눈에 잘 보이지 않는 성과를 어떻게 '가시화'해 나갈 것인가, 이것이 리더가 보여주어야 할 '노력'이다.**

12

어중간하게 방치하지 마라
'궁극의 선택'을 강요하고 등을 떠밀어라

'와다 마사토'라는 배우를 아는가? NHK 연속 TV 소설 '잘 먹었습니다'에서 여배우 안(杏)이 연기하는 주인공의 어린 시절 소꿉친구, 이즈미 겐타 역을 맡아 열연을 펼치며 큰 인기를 얻었다. 그 후 민영 방송 인기 드라마에도 고정 멤버로 잇달아 출연하는 등 지금은 확고부동한 신진기예 조역(By-player)으로 맹활약 중이다.

사실 그가 연예계로 진출할 계기를 마련해 준 사람이 바로 나다. 이야기는 내가 외국자본계열 생명보험회사의 시나가와 지사장을 지내던 2005년으로 거슬러 올라간다.

나와 와다 마사토는 상사와 부하 직원 관계로 함께 일했다.

그 무렵 그는 영업 사원으로 일하는 한편 남몰래 배우로서 예능 활동도 하고 있었다. 결국 그의 실적은 급속히 떨어지기 시작했다. 일을 쉬거나 지각하는 날도 많아졌다. 무대 연습 등 배우로서의 활동에 시간을 많이 빼앗긴 탓이다. 이 사실을 알게 된 나는 그를 지사장실로 불러들였다. '배우의 길을 그만둘 텐가? 보험영업의 길을 그만둘 텐가? 어느 쪽을 선택할지 지금 당장 결정해!' 이렇게 그의 결단을 강요했다.

그러자 '아니요, 지금은 결정할 수 없어요. 두 꿈 다 좇을 수 있게 도와주세요.' 그는 금방이라도 울음을 터트릴 듯한 얼굴로 애원했다.

하지만 나는 단호하고 강한 어조로 그에게 이야기했다. '**안 돼! 그런 어중간한 마음가짐으로는 양쪽 모두 실패할 게 뻔해. 정말 성공하고 싶다면 어느 하나를 버릴 수 있는 용기를 내! 지금 당장 어떤 길을 선택할지 결단하도록 해!**' 한동안 고개를 숙인 채 생각에 잠겨 있던 그가 조용히 입을 열었다. '알겠습니다. 그럼 저는 배우의 길을 선택할게요. 연기자가 되어 반드시 성공하겠습니다.' 이렇게 그는 내 앞에서 선언했다.

내심 그의 입에서 '보험영업의 길을 선택하겠습니다'라는 말이 나오기를 기대했는데 내 예상이 빗나간 셈이다. 그 또한 고수입의 보험영업을 포기하는 결단을 내리는 데는 상당한 각오가 필요했으리라.

그때 내가 그의 등을 떠밀지 않았더라면…, 그가 '용기 있는 결단'을 내리지 않고 어중간하게 얼버무렸다면…. 지금 배우로서의 성공은 없었을지도 모른다.

부하 직원을 어중간하게 방치하지 않고 앞으로의 그의 인생을 최우선으로 고려하여 어떤 선택이 제일 좋을지 함께 생각해 주는 것이 인간된 도리가 아닐까?

의심하며 망설이는 재주가 너무 많아 오히려 대성하지 못할 부하 직원과 담판을 짓는 일 또한 리더의 중요한 책무다.

13

배포 큰 사람인
척하지 마라
돈을 빌려 달라는 부탁은
'무심히' 거절하라

만약 부하 직원에게 '돈을 빌려 달라'는 부탁을 받는다면 어떻게 하겠는가? 매일매일 고락을 함께 하는 사랑스러운 부하 직원이니 어떻게든 도와주고 싶으리라. 금액이 좀 크더라도 착하고 배포 큰 당신은 분명 턱하니 기분 좋게 빌려 줄 것이다. 이 문제, 결론부터 이야기하자면 **절대 빌려주면 안 된다. 속전속결로 딱 잘라 거절하길 바란다.**

그런데 보통은 좀처럼 거절하지 못한다. 돈을 빌려주는 편이 더 간단하기 때문이다. '이 은혜 평생 잊지 않겠습니다'하며 머리 숙인 채 눈물까지 흘려가며 감사해 하니 '구두쇠'라고 원망을 듣는 것보다 훨씬 낫다.

하지만 아마도 당신은 그 돈을 돌려받지 못해 빚 독촉을 해야만 하리라. 그 결과 당신 마음속에서는 답답함이 일고 갈등이 시작될 것이다. 게다가 '돈을 더 빌려 달라'는 부탁으로 발전하는 경우도 많다. 이번에 당신이 부탁을 거절하면 부하 직원은 '흥, 뭐야. 완전 치사해'하며 분개한다. 결국 **사람 좋은 당신은 원망을 듣는 처지에 빠진다. 당신에게 그럴 각오가 있다면 빌려줘도 괜찮다.**

눈앞의 자금난으로 '정신없는' 부하 직원의 부탁을 들어주는 순간 두 사람의 신뢰 관계는 깨지고 채권채무 관계로 그 성질이 변질되어 버린다. 리더인 당신은 돈을 빌려줄 것이 아니라 **사정을 잘 들어본 후에 해결책을 제시해 주어야 한다.** 그 부하 직원이 인생을 살아가는 방식이나 생활태도를 개선할 수 있도록 지도해 주어야 한다.

예를 들어 계획적인 상환을 도와줄 변호사를 소개해 주고, 금리가 낮은 금융기관으로 갈아타는 대환대출을 제안하고, 리스크가 높은 투기는 말리고, 지출을 줄일 수 있는 절약 방법을 알려 주고, 낭비벽이나 도박 의존증을 질책하고, 착실히 돈 벌 수 있는 다른 일을 소개해 준다. 눈앞의 일밖에 생각하지 못하는 딱한 부하 직원이 **현실과 마주할 수 있도록 '쓴소리'를 날려주는 것, 이것이야말로 리더가 본래 해야 할 '일'이다.**

부하 직원에게는 뼈아픈 말을 들을 귀가 없을지도 모른다. '쓸데없는 참견'이라며 언성을 높이고 되레 성을 낼지도 모른다. 어쩌면 '그런 말보다는 지금 당장 돈이나 좀 빌려주세요'하며 무릎을 꿇을지도 모른다. 그래도 부하 직원의 행동을 바로잡아 주어야 한다. 이것이야말로 진정한 매니지먼트다.

지금 돈을 빌려준다면 오히려 부하 직원을 궁지에 몰아넣게 된다. 도움이 된다는 보장도 없다. 돈을 빌려준 그 순간만큼은 기분이 좋으리라. 하지만 '좋은 사람'에 취해 있을 때가 아니다. **상대방을 위해 '무심히 거절한다'** 이것이 바로 리더가 줄 수 있는 도움이고 구제책이다.

14

다른 부서와
으르렁거리지 마라
회사 내 '횡적 연대'를
긴밀히 하라

팀에 대한 사랑을 착각하는 리더가 있는 듯하다.

'우리 팀에는 우리만의 방식이 있다'며 수긍이 가지 않는 일이 있을 때마다 다른 부문의 우두머리나 하물며 자기 상사에게조차 대드는 고독한 늑대이다.

이들은 체제에 굴복하지 않는 독립적이고 독보적인 팀 운영만을 이상으로 굳게 믿는다.

부하 직원에게는 숭고한 '고객 제일주의'를 철저하게 교육시킨다.

반면 '사내 영업'은 당치도 않다며 때때로 이에 뛰어난 부하 직원을 인간적으로 자격 미달이라는 듯 매도하기도 한다.

분명 자신에게 주어진 임무도 제대로 수행하지 못하면서 회사 내 아부 영업만 하고 다닌다면 언어도단이다.

하지만 다른 부서와의 긴밀한 '횡적 연계'가 나쁜 행동은 아니지 않은가?

'사내 영업'하면 왠지 타협하고 조직에 굴복하는 이미지가 있다. 하지만 절대 아부하는 것도, 높은 사람에게 아첨하는 것도 아니다.

결재권이 있는 담당자의 승인을 얻지 못한다면 부하 직원의 업무를 유리하게 끌어줄 수 없다.

우물쭈물 시간만 보내고 있다가는 사내 각 부서는 물론 회사 밖 거래처에도 폐를 끼칠 수 있다는 점 또한 부정할 수 없다.

관련 각 부서의 비위를 맞추는 일도 중요한 임무다. 때로는 가고 싶지 않은 간담회도 가야하고, **다른 부서와의 긴밀한 '횡적 연대' 또한 리더에게 꼭 필요한 능력이다.**

모든 사전 교섭이야말로 '궁극의 매니지먼트 기술'이라 할 수 있다.

부하 직원과의 관계는 물론 스태프 어시스턴트, 경리나 홍보 등 다른 핵심 부문의 사원, 임원 비서, 접수 안내원, 판매부문, 고객센터, 배달업체, 청소부 등 다양한 사람에게 보이는 배려나 마음씀씀이 또한 팀을 원활히 운영해 나가는 데, 꼭 필요한 훌륭한 일이 아닐까?

'사내 영업은 부패한 사원들이나 하는 짓'이라며 비판하고, 정작 본인은 사무실에 앉아 으스대며 거드름 피우는 행동은 유치한 자기 어필이자 어리광을 부리는 심리 표출에 불과하다.

애당초 **다른 부서와의 '횡적 연계' 하나 관리하지 못하는 사람이 자기 관할 하에 있는 멤버들을 제대로 관리할 수 있을 리가 없다.**

'사내 영업'은 회사 안팎 사람들과의 밀접한 커뮤니케이션으로 이해와 협력을 구해 나가는 '멋진 임무'다.

'작은 병'을 방치하지 마라 바로 그 자리에서 처치하라

직장 내 트러블이나 업무상 과제의 90퍼센트 이상은 인간관계에서 발생한다.

오해나 의심암귀(疑心暗鬼). 원한이나 서로 발목 잡아당기기, 시기나 질투 등은 신뢰 관계의 결여로 발생한다. 자고로 리더의 일이란 동료들 사이의 이러한 삐걱거림을 신속하게 복구하고 균형 잡히게 조정하며 하루하루를 개선해 나가는 것이라고 해도 과언이 아니다.

인간력(人間力)이 부족한 멤버의 '작은 병'을 진단, 치료하고 서로의 신뢰 관계를 어떻게 원활하게 유지해 나갈 것인가? 이는 많은 리더들을 골치 아프게 만드는 과제 중 하나다.

혹시, 이런 문제의 대부분은 원래 사소한 다툼이었는데, 그냥 방치했다가 어느새 돌이킬 수 없는 상태로 악화된 케이스는 아닐까?

리더는 동시에 여러 가지 일을 하다 보니(Multitasking) 항상 바쁘다.

그 결과 '작은 병'을 눈치 채더라도 '뭐, 괜찮겠지'하며 그 상황에서 도망치려는 습성이 있다. 하지만 **이 '뭐, 괜찮겠지'가 쌓이고 쌓이다 보면 팀이 썩어간다. 그리고 리더가 계속 보고도 못 본 척 한다면 리더의 '죄 또한 쌓이고 쌓여간다.'** 아무리 작은 틈이라도 머리를 쑥 집어넣고 **'바로 그 자리에서'** 바로잡아야 한다.

예를 들자면 '두더지 잡기 게임'과 비슷한 느낌이다. 두더지 머리(작은 병)가 튀어나올 때마다 빠르게, 끊임없이 두들겨주어야 한다. 그렇지 않으면 게임은 득점 제로 상태로 끝나고 만다. 거 참, 매일같이 이런 게임을 계속해야 하다니 리더라는 직업도 참 가혹하다.

이렇듯 병이 아직 작을 때 처치해 놓으면 큰 사건을 미연에 방지할 수도 있다. 팀워크를 표방하는 평온한 조직일수록 실제 물밑에서는 진흙탕으로 변해버린 인간관계가 소용돌이치고 있는 법이다. '저 친구하고 이 친구 사이가 안 좋아서 큰일이야'하며 **마치 남일 이야기하듯 한탄하고 있을 때가 아니다. 이 모든 것은 '리더의 책임'**이다.

표면상으로만 사이좋게 지내도 저절로 팀워크가 생겨나고 서로에게 기여하는 문화가 만들어진다? 이런 말도 안 되는 동화 속 이야기를 마음 편하게 믿고 있다면 이는 크나큰 착각이다.

부하 직원을 되는대로 방치해 둔다면 점점 더 밑으로, 점점 더 나쁜 쪽으로 흘러간다. '부정적인 사고, 이기심, 나태, 거짓말, 배신'이 생겨나 결국에는 '범죄'에 다다르고 만다. 앞으로도 작은 병은 못 본 척하며 '무법 지대'를 만들어 나가겠는가? 아니면 작은 병을 바로바로 처치하여 **'진정한 팀워크'를 구축해 나갈 것인가? 모든 것은 리더 하기 나름이다.**

16

부하 직원의 사심을
못 본 척하지 마라
사람은 믿되 행동은 '의심하라'

불미스러운 사건이 발각되어 부하 직원 중 한 명이 의심을 받고 있
다고 치자. 이대로 가면 해고나 다를 바 없는 엄중한 처분은 피할 수 없
다. 이때 당신은 어떤 마음이 들겠는가?

아끼는 부하 직원을 진심으로 믿는다면 '우리 부하 직원만은 절대
그럴 리 없어. 뭔가 잘못된 거야'하며 사건의 진상이 밝혀질 때까지 부
하 직원을 믿어 의심치 않으리라. 하지만 진실은 때로 가혹한 법이다.
결국 당신의 부하 직원은 처분을 받게 되었다.

도대체 무엇이 문제였을까? 이제 와서 부하 직원을 책망한다 한들 아
무 소용없다. 이미 엄중한 처분을 받은 부하 직원은 깊이 반성 중이다.

그렇다. **문제는 리더인 '당신'에게 있다.**

**어쩌면 당신은 사건이 발생하기 전에 이런 일이 일어나리라는 사실을 이
미 예측했을지도 모른다.** 그럼에도 '딴 사람이라면 몰라도 우리 직원만

은 절대 그럴 리 없어'하며 의심하지 않은 것은 아닌가?

당신이 리더로서 사전에 손을 쓰지 않았다는 점을 깊이 반성하길 바란다. 이렇다 할 대책도 마련하지 않았던 당신에겐 일이 터진 후에야 '그 친구가 그런 일을 저지르다니…. 완전 사람 잘못 봤어'라고 말할 자격이 없다.

일상 속 '진실'을 파악하려 하지 않는 리더는 무책임하기 짝이 없다. 그저 **'믿는다'는 아름다운 단어를 남발해 가며 수수방관**하고 있을 따름이다.

이제 슬슬 신용, 신뢰처럼 듣기 좋은 말을 교묘히 사용하며 속편하게 지내던 리더에서 졸업하길 바란다. 부하 직원을 의심해 주는 것 또한 일종의 배려다.

부하 직원의 행동에서 모든 가능성을 '의심하여' 사전에 대책을 세워 놓았더라면 이런 불상사를 막을 수 있었을지도 모른다. 따라서 부하 직원의 장래를 빼앗고 불행으로 이끈 리더인 당신의 책임은 막중하다.

물론 부하 직원을 '한 사람의 인간'으로서 철저히 믿지 말라는 말은 아니다. 인간적인 믿음은 그 존재만으로도 아름답다.

하지만 인간은 유약한 동물이다. 때로는 눈앞의 욕망에 무릎을 꿇기도 하고, 사심 때문에 순간적으로 나쁜 마음을 먹기도 한다. 그렇기에 **의심하고, 걱정하고, 확인하고, 지켜보고, 조언하는 철저한 사전 대책이 필요**하다. 아끼는 부하 직원을 의심하며 살아가야 하다니! 리더의 가슴 아픈 숙명이다.

그럼에도 여전히 **인간으로서의 부하 직원은 끝까지 믿되 행동은 의심하는** 행위는 그에 대한 애정이 있기에 가능한 '리더의 책무'이기도 하다.

17

비슷한 사람만 모으지 마라
개성과 '품격'을 결집시켜라

팀은 리더 자신의 모습을 그대로 비추어 주는 '거울'이다. 리더가 밝고 힘이 넘치고 긍정적이면 부하 직원도 밝고 힘이 넘쳐 팀에 활기를 불어넣어 준다. 리더가 성실하고 부지런히 움직이는 사람이면 부하 직원도 성실하고 열심히 움직여 근면한 문화가 만들어진다. 리더가 '목표달성형'이라면 부하 직원도 포기하지 않고 목표를 향해 나아가며 끊임없이 성과를 올린다.

반면 리더가 음침한 성격이면 부하 직원 또한 조용하고 어두운 성격으로 변해간다. 리더에게 패기가 없으면 부하 직원의 사기 또한 오르지 않아 조직이 점점 부패한다.

리더가 부정적이면 부하 직원의 입에서도 부정적인 이야기만 나와 뒷담화와 악담 등이 판치기 시작한다.

팀의 품격은 그야말로 리더 자신의 인격 그 자체다. '좋고 나쁘고'를 떠나' 리더의 인격에 위화감을 느끼는 부하 직원은 자연스럽게 떨어져 나간다. 반면 리더의 인격에 마음이 끌리는 부하 직원은 함께 팀 컬러를 만들어 나간다. **마치 거울처럼 리더의 정신 상태, 말과 행동, 인격이 그대로 팀의 '품격'이 된다.**

그렇다고 해서 딱히 리더와 '비슷한 사람'만 모아 사이좋은 동아리를 만들라는 말은 아니다. **팀의 스킬이나 장기 등은 다양한 강점과 약점을 지닌 멤버들로 구성된 팀에서 더 큰 힘을 발휘**하기도 한다.

그 옛날 자이언트가 프리 에이전트로 4번 타자만 모아 놓은 팀을 만들었을 때는 단 한 번의 승리도 거두지 못한 채 하위권에서만 맴돌았다. 각각의 역할을 담당하는 부하 직원들이 적재적소에서 각자의 힘을 발휘하는 팀이 점점 강해진다, 역시나 틀림없는 말인 듯하다.

야구로 비유하자면 발이 빠른 선수(=행동력), 수비를 잘하는 선수(=확실성), 승부에 강한 비장의 카드, 대타(=통찰력), 한 번에 대량 득점을 이끌어 낼 수 있는 장거리포(=영업력), 위기를 통제해 줄 구원투수(=문제해결능력), 데이터를 모아 팀을 이끌어 주는 포수(=분석력), 팀 분위기를 띄워 주는 분위기메이커(=추진력), 팀을 하나로 뭉쳐 주는 캡틴(=통솔력) 등 각자가 지닌 능력과 장기는 다 달라도 상관없다.

리더의 인격 아래 팀 전원이 하나로 연결되어 있기만 하면 된다. 이를 위해 리더와 같은 인격 DNA를 계승한 '아이들(Children)'을 키워 내는 것이다.

리더의 인격에 매료된 팀 멤버들이 한마음으로 분연히 일어나 만들어 나가는 것, 이것이 바로 팀의 '품격'이다.

18

경쟁심을 너무 자극하지 마라

'너도나도 이바지하는 문화'를 만들어라

내가 오랜 세월 경험을 쌓아온 생명보험영업은 프로의 세계. 그렇기에 부하 직원들이 보통의 비즈니스맨들처럼 리더의 지시에 '순순히' 따라 주는 일은 별로 없다. '제멋대로인 사람들의 집합체'라고도 할 수 있다. 주체성도 남들보다 배는 강하고, 경쟁심이나 목표를 달성하고자 하는 의욕 또한 월등히 높다. 장난 아니게 지기 싫어하는 사람들의 집단이다. 어차피 성향이 그러니 리더 없이 자기 마음대로 행동하게 내버려두면 될까? 절대 그렇지 않다.

역시나 그런 그들에게도 리더의 통솔력과 매니지먼트는 필요하다.

그저 방치해 두면 생산성이 계속 떨어질 뿐이다. 일부 능력자를 제외하고는 멤버 대부분의 실적이 떨어진다.

개인 실적만으로 승부를 겨루게 하는 방식은 이제 한계에 다다랐다. **지나친 경쟁과 상승욕구는 팀의 화합을 깨뜨릴** 수 있다. 어차피 랭킹 등의 순위는 다른 사람과의 비교에 불과하다. 남들과 비교만 하다가는 도대체 자신이 무엇을 위해 일하고 있는지 알 수 없게 된다.

따라서 최종적으로 도달해야 할 목표는 최대의 라이벌인 자기 자신에게 승리하는 것, 이를 기준으로 삼아야 한다. 그리고 정말 놀랍게도 **'동료가 승리할 수 있도록 도와주는 일' 또한 그들에게 크나큰 동기부여가 된다. 그렇다. 흔히 말하는 '팀워크'다.** 귀중한 정보를 혼자 독점하지 않고 라이벌에게도 제공한다. 고생고생해서 갈고닦은 스킬을 아낌없이 공유한다. 다른 멤버가 성장할 수 있도록 도와주고 팀의 성공에 기뻐한다.

이렇게 동료가 승리할 수 있도록 도와주는 일이 기쁨이 된다면 최강의 팀이 탄생한다.

그리고 **리더는 그 선두에 서서 부하 직원을 승리하게 만들어야 한다.** 팀의 모든 구성원이 이러한 리더십을 발휘할 수 있는 집단으로 성장해 나간다면 대항할 적이 없다.

'승리할 수 있게 도와준다=이바지한다'이다. '동료에게 이바지'하는 일이 문화가 되면 그곳에는 마음씨 고운 여신이 강림한다. '나만 잘되면 된다'는 개인주의가 판치는 팀이 계속 잘 나갔다는 이야기를 들어본 적 있는가! 이는 회사든, 스포츠 세계든 마찬가지다.

사회에 이바지하고, 조직에 이바지하고, 동료에게 이바지하는 팀 문화가 만들어졌을 때 비로소 '나 자신에게도 이바지'할 수 있는 비약적인 성과를 거둘 수 있다. 리더의 역할은 이처럼 동료들이 서로 지탱해줄 수 있는 일체감을 만드는 일이다. **'진정한 기쁨'을 지향해 나갈 수 있는 팀에는 어마어마한 에너지가 생겨난다.**

'적합, 부적합'을
단정 짓지 마라
선망하는 리더가 되어라

리더가 되고 싶어 하지 않는 젊은 사원들이 늘고 있다. '책임이 무겁다', '시간이 없다', '적성에 맞지 않는다' 등과 같은 소극적인 마인드로 '리더 따위 딱 질색'이라며 등을 돌리고 있다.

이런 부하 직원들이 느끼는 이유는 무엇일까? 바로 그들 옆에 매력적인 리더가 없기 때문이다. '요즘 젊은이들은 도대체 향상심이 없어'하며 한탄하는 리더, 즉 당신이 바로 원흉인 셈이다.

분명 동경하고 목표로 삼고 싶어야 할 리더의 모습이 반짝반짝 빛나기는 커녕 자기 의무를 완수하기에 급급한 날들에 지쳐있고 패기도 없다. 매일 이런 음침한 리더를 보고 지낸다면 부하 직원이 실망하는 것도 무리는 아니리라. 만약 이런 이유 때문에 '저런 리더가 되고 싶지 않다'고 생각한다면 건전한 감성과 판단력을 갖춘 사람이라 할 수 있다. 다시 말해 **자신이 리더에 적합하지 않다고 생각하는 사람일수록 사실 리더에 어**

울린다고 할 수 있다. 못난 상사를 반면교사(反面教師)로 삼아 '내가 대신 해주지'하며 분발하는 반골 정신의 소유자야말로 리더로서 크게 성공할 수 있다. 사실 나 또한 리더가 되고 싶지 않았던 사람 중 한 명이다. 하지만 얼마 지나지 않아 내 나름대로 쌓아 온 경험을 팀 멤버와 공유하고 싶다는 마음이 생겨났다.

무엇보다 **리더와 부하 직원은 '역할을 분담'해야 한다**는 사실을 깨달았다. 뛰는 선수도, 리더도 모두 그 길의 프로다. 서로의 입장을 존중해가며 각자의 목표를 달성하기 위해 힘을 합치면 된다. 그런 리더를 목표 삼기로 마음먹었다.

내 나이 서른둘에 영업소장, 서른여섯에는 지사장 자리에 올랐다. 나보다 나이 많은 부하 직원도 많았다. 거만한 태도로 부하 직원을 지도하는 일 따위 애초부터 불가능했다. 그래서 그냥 철저하게 '리더 본연의 역할'을 즐겼다. 그래서였을까? 우리 영업소와 지사에는 '리더가 되고 싶어 하는' 부하 직원이 압도적으로 많았다. 전설적인 넘버원 지사가 될 수 있었던 것 또한 **리더를 목표로 하는 후보생들이 나와 같은 시선으로 팀을 하나로 만드는 데 도움을 주었기** 때문이다.

이는 개인사업주의 집합체라고도 할 수 있는 생명보험업계 조직에서는 꽤 이례적인 일이다. 대부분의 팀 멤버가 리더를 지향하는 팀이라니. 그 전에도 후에도, 본 적도 들은 적도 없다.

이 '원동력'이 수많은 엠디아르티(MDRT; Million Dollar Round Table)를 배출하고, 연속으로 전국 챔피언 상을 거머쥘 수 있었던 '승리의 원인'이었다고 지금도 굳게 믿는다.

20

일을 '떠안지 마라' 부하 직원에게 맡겨라

사실 나는 '만사 귀찮아하는' 게으름뱅이다. 내가 할 수 있는 업무량이라고 해봤자 뻔하다. 이 정도면 딱 좋다 싶은 업무량의 한계도 안다. 이런 나이기에 부하 직원에게 의지하지 않고는 살아갈 수 없고, 일도 진척되지 않는다. 부하 직원을 '믿고 그들에게 일을 맡기며' 지금의 지위를 쌓아왔다고 해도 과언이 아니리라.

모든 일에 열심인 당신, 혹시 일을 너무 많이 떠안는 버릇은 없는가? 어차피 리더 혼자서 처리할 수 있는 업무량에는 한계가 있는 법이다. 자기 개인의 힘을 과신하지 말고 가령 고난도 미션일지라도 부하 직원에게 자꾸 맡기는 편이 좋다. 당신이 의지하면 부하 직원도 의욕이 생긴다. **그리고 무엇보다 일을 맡기면 부하 직원이 성장한다.**

당신이 부하 직원에게 일을 맡기지 못하는 리더라면 분명 그들을 완전히 믿지 못하기 때문이리라. 그렇기에 참지 못하고 직접, 척척 일을 마무리하고 만다.

일단은 오른팔, 왼팔뿐 아니라 천수관음보살처럼 팔의 개수를 늘린다는 느낌으로 부하 직원들을 참모로 발탁하고 또 발탁하면 어떻겠는가? 이때 **그 업무를 그 부하 직원에게 맡긴 이유를 모든 멤버 앞에서 당당하게 공표할 수 있는 명확한 '명분'이 있어야 한다.** 뒤에서 몰래 밀약을 맺으면 금세 간파 당하고 만다. 그 결과 팀 멤버 사이에 불신감이 생겨날 수도 있다. '이 우수 고객 시장은 영업 실적이 가장 좋은 A씨에게 맡겨 보고 싶어.' '이 프로젝트는 여성 관점의 콘셉트인 만큼 B씨를 리더로 지명하려고 해.' 나아가 당사자에게도 '그를 선택한 이유'를 설명해야 한다. 일의 중요성이나 장래성, 팀에 대한 기여도 등 부하 직원을 의욕적으로 만들 수 있는 요소를 최대한 많이 덧붙여야 한다. **부하 직원에게 그 '의미'를 확실히 이해시키는 일이 업무를 맡기는 첫 걸음**이다.

부하 직원이 자신이 맡은 일을 성공시키면 마음을 담아 기뻐해 주길 바란다. 마치 자기 일처럼 기뻐 날뛰어야 한다. 만약 부하 직원이 실패한다면 그 책임은 리더가 짊어지길 바란다. 마음 놓고 실패할 수 있는 포용력으로 부하 직원을 보살펴야 한다.

이렇듯 간섭하지 않으면서 부하 직원에게 일을 '전적으로 맡기는' 자세를 끝까지 유지할 수 있다면 경영 판단이나 전략 입안 같은 본래 리더의 업무에 집중할 수 있다. **정말 '리더만이 할 수 있는 업무'에 전념한다면 천수관음보살의 오른팔, 왼팔과 같았던 부하 직원들이 차세대 리더로 성장하여 속속 둥지를 떠나가리라.** 당신의 DNA는 부하 직원에게 일을 '맡길수록' 늘어난다.

21

혼자서 해결하려 하지 마라
'차기 리더'를 끌어들여라

리더가 우수할수록 팀 멤버는 그에게 의존한다. 물론 리더에게 의존하는 일 자체가 나쁜 것은 아니다. 하지만 이래서는 아무리 시간이 흘러도 부하 직원들이 홀로 서지 못하고 스스로 움직이지도 못한다. 하물며 리더를 능가하는 차기 리더 따위 자라나지 않는다.

'나는 유능한데 부하 직원들이 다 무능해.' 이렇게 잘난 척하며 부하 직원을 무시하는 리더가 있다. 하지만 이런 사람이야말로 무능한 리더의 대표격이다.

이런 리더는 차기 리더가 '자라나지 못하게' 지도한다. 보수적이고 자기중심적인 리더는 기껏해야 여기까지다. 운이 좋으면 겨우겨우 현상 유지 정도는 하겠지만, 대부분은 도태되어 간다. **차기 리더 양성의 대원칙은 리더 자신이 먼저 다음 단계로 성장하고, 승진하고, 영전(榮轉)되고, 독립한다는 전제 조건 위에 성립한다.**

그럼에도 정보를 독점하고, 스킬은 전수하지 않고, 오로지 부하 직원을 짓밟아 나간다. 차기 리더를 어떻게 양성하면 좋을지 고민이라고 하니 사태가 심각하다. '차기 리더'가 없는 것이 아니라 당신이 차기 리더를 발굴하고 키워나가는 데 노력을 기울이지 않는 것이다.

머지않아 부하 직원이 당신과 동등한 수준의 직위까지 출세하여 라이벌로서 당신 자리를 위협하는 존재가 되더라도 꼭 환영해 주어야 한다. **부하 직원이 당신 직위를 제치고 상사가 되더라도 축복해 주어야 한다.**

앞으로는 차기 리더 후보에게 무슨 일이든 상담하길 바란다.

혁신적인 실적 부진 타개책, 새로운 시장 전략, 신상품 개발 아이디어, 판촉 캠페인 시책, 인사 개혁에 대한 의견 교환, 새로운 프로젝트 추진안 등 팀이 안고 있는 모든 과제를 차기 리더 후보와 공유하고 함께 '앞으로 나아간다.' **당신의 현장감 넘치는 의사 결정과 살아있는 매니지먼트를 함께 경험하게 만든다.** 리더인 당신과 부하 직원의 지식, 스킬, 마인드를 일체화시키고, 아낌없이, 모조리 다 전수한다.

이러한 공유를 통해 부하 직원은 리더에게 의존하는 체질에서 벗어날 수 있고 둘 사이의 신뢰 관계도 더욱 견고해진다.

'우리가 함께 만든 이 기사회생 전략을 내걸고 다음 승부에 나서는 거야. 반드시 성공시키도록 하자!'

이렇게 **차기 리더와 함께 가슴 뛰는 기획을 입안하고, 계획하고, 실행해 나간다.** 차기 리더를 끌어들이면 끌어들일수록 그는 성장해 나간다. 부하 직원을 성장시키려면 시간과 노력을 아끼지 말고 열정적으로 그들을 끌어들여야 한다.

22

흐트러진 질서를
용납하지 마라
큰소리로 꾸짖어 '규율'을
바로잡아라

전국 최하위권을 전전하며 밑바닥에서 허덕이던 조직의 지사장으로 부임했을 당시 **내 첫 액션은 그저 '큰소리로 호통 치는 일'**이었다.

당신이 지금 의아하게 여기는 것처럼 이 방법에는 크나큰 리스크가 있다. 처음 만나자마자 지사 멤버들에게 호되게 으름장을 놓는다면 한순간에 미움을 받을 우려가 있기 때문이다. 한 번 미움을 받으면 그 관계는 좀처럼 회복되기 어려워 고립무원(孤立無援, 고립되어 구원을 받을 데가 없음-역주)의 상태에 빠질 수도 있다.

하지만 리스크가 두려워 부하 직원의 '비상식적이고 어리석은 행동'을 그냥 방치한다면 리더로서 얕잡아 보여 점점 더 감당할 수 없게 된다. 그렇다고 해서 견제 심리 때문에 그들에게 호통을 날린 것은 아니다. 어디까지나 조직 내에 결여되어 있던 **'규율'을 철저히 바로잡기 위해서**였다. 그 무렵 지사 멤버들은 실적이 바닥을 치고 있는데도 업무 성과와 제대로 마주하려 하지 않았다. 뿐만 아니라 팀의 '질서'가 완전히 무너져 있었다.

외근을 나갔다가 허락도 받지 않고 그냥 퇴근해 버리는 직원, 인사하나 똑바로 못하는 직원, 정리정돈을 못하는 직원, 주구장창 사적인 통화를 하는 직원, 숙취 때문에 술 냄새를 풍기며 늦게 출근하는 직원, 사무실 데스크에 엎드려 자는 직원, 흐트러진 복장이나 두발 등 매너와 에티켓을 지키지 않는 직원 등 도저히 금융기관의 사무실이라고는 생각할 수 없는 환경이었다.

학원물 설정 등에서 곧잘 보이는, 거칠기 그지없는 학교에 갓 부임한 열혈교사를 떠올리면 당시 내가 담당한 역할을 이해하기 쉬우리라. 정말 몇 분에 한 번씩 당장이라도 싸울 듯한 기세로 으름장을 놓지 않았나 싶을 정도로 매일매일 '호통'만 쳐댔다.

그러자 정말 신기하게도 **'규율'이 잡히기 시작했다.** 그리고 이와 비례하여 **실적도 놀라울 정도로 상승하기 시작해 명실상부 챔피언 팀으로 표창을 받을 정도로 성장**할 수 있었다. 리더의 '호통 파워' 하나만으로도 이렇게 팀이 변할 수 있다는 좋은 사례이리라.

당시 부하 직원들은 본디 비즈니스맨으로서의 자질은 뛰어난 사람들이었다. 그런 그들에게 규율과 질서라는 이치가 생기자 올곧은 인간으로서의 능력이 향상된 것이다.

그들도 **원래 무엇이 옳고 그른지 이론적으로는 알고 있었으리라. 그렇기에 어리석은 행동을 바로잡아 줄 리더를 갈구**했던 것이다. 어느 시대나 부하 직원들은 당당하게 '호통'을 날려줄 리더를 '갈망'한다.

23

'반차'는 인정하지 마라
하루 종일
쉬게 하라

'오늘 아침부터 머리가 너무 아파서 그러는데, 오전만 반차 좀 써도 될까요?' 부하 직원에게 이런 연락이 왔다고 치자. 보통은 '알겠네.' 하지만 **철저하게 파고드는 '신(新) 방식'**이라면 다음과 같이 전개되리라. '그거 큰일이군. 그냥 오늘 하루 푹 쉬는 게 낫겠어.' 이렇게 부하 직원이 푹 쉴 수 있도록 배려하면서 한편으로는 그를 시험해 본다. 정말 몸 상태가 안 좋지만 무리해서라도 출근하려는 부하 직원이라면 푹 쉬게 해주는 편이 그를 위해서도 좋다. 하지만 **그저 어제 마신 술이 안 깨서 땡땡이 치거나 늦잠으로 지각할 것 같으니까 둘러대는 핑계**일 수도 있다.

만약 후자라면 '아니에요. 오후에 중요한 미팅이 잡혀 있어서 하루 종일 쉴 수는 없어요. 무리해서라도 꼭 출근하겠습니다'라고 말하리라. 이때 단호히 저지해야 한다. '절대 안 돼! 반차를 내야 할 정도로 컨디션이 안 좋은데 무리했다가 쓰러지기라도 하면 어쩌려고?!'

그러면 부하 직원은 '오후에라도 출근하지 않으면 오늘 일이 많아서 다 딜레이 되고 말 거예요'하며 끈질기게 물고 늘어지리라. 하지만 이때도 단호하게 허락하지 않는 자세를 유지하는 일이 중요하다. '그래도 안 돼! 출근은 절대 용납할 수 없어. 오늘 하루 푹 쉬도록 해.'

부하 직원이 난처하다는 듯 '이렇게 부탁드릴게요. 오늘 안에 제출해야 할 서류도 있고… 오후엔 출근하게 해 주세요'하며 간절히 애원해도 절대 굽히면 안 된다. '아니야, 안 돼!', '오후에는 괜찮아질 거예요!', '절대 안 돼!', '하루 종일 쉬어야 할 정도로 컨디션이 안 좋은 건 아니니 괜찮아요…'. 옥신각신한 끝에 다음과 같이 따끔하게 타이른다.

'오늘 하루 푹 쉬고 완벽한 컨디션으로 내일 더 분발해서 일하는 건 어때? 그리고 만약 무리해서 오후에라도 출근할 수 있는 '힘'이 있다면 아침부터 출근했어야지. 조례나 아침회의도 오후 업무만큼이나 중요한 일이라고.' **이는 부하 직원을 위한 일이기도 하다.** 본인은 물론 팀 전체에 '어리광 부리는 게으른 버릇'이 들지 않도록 하기 위한, 애정을 담은 '작은 전쟁'이다. 고작해야 반차 가지고, 라고 생각할 수도 있지만 절대 그렇지 않다. 사전에 신청한 반차라면 아무 문제없다. 하지만 당일 갑자기 내는 반차는 '뭔가 있다'고 의심해 주는 편이 좋다.

오후에 긴급한 일이 없는 부하 직원이라 할지라도 **늦잠 한 번 잤다가 하루 종일 쉬게 된다면 보통은 '겸연쩍은' 마음이 들리라.** 이렇듯 철저히 '파고들며 부하 직원을 지도'해 나가면 반차도, 지각도 사라진다.

너무 안이하게 보지 마라. 이런 사소한 규율의 균열에서 팀의 쇠퇴는 시작된다.

24

방심하지 마라
신뢰할 수 있는 '첩자'를 풀어 놓아라

일이 좋게 좋게만 끝난다면 경찰은 필요 없다. 분명 사랑은 지구를 구하고 팀을 구한다. 하지만 리더의 사랑만으로는 도저히 해결할 수 없는 '어둠'이 있다. 매우 드물긴 하지만 궁지에 몰린 반란분자가 테러를 일으키기도 한다. 팀이 거대해질수록 이러한 리스크 또한 커진다.

아무리 훌륭하고 청렴결백한 리더라도, 아니 그런 리더이기에 더욱 덫에 걸릴 수 있다. 언제 어느 때 '칼에 찔려도' 괜찮을 수 있도록 빈틈이 없어야 한다. 그렇지 않으면 언제 어떤 일이 계기가 되어 파멸의 길로 굴러 떨어질지 모른다.

혹시나 하는 마음에 충고해 둔다. **부하 직원 한 사람 한 사람과 어느 정도 돈독한 신뢰 관계를 쌓은 후의 일이긴 하지만, 팀 내부에 한 명이라도 더 많은 '첩보부원'을 심어 놓도록 하자.**

'첩자'라고 하면 당사자들에게 실례일수도 있으니 어디까지나 조직을 원활하게 운영해 나가는 데 필요한 '정의의 사도', 좋은 의미의 '007'의 역할을 그들이 자진해서 떠맡게 만든다.

리더 개인을 향한 불온한 책략은 물론 팀 내의 모든 문제, 이면정보, 불평불만, 가십, 트러블 등 생생한 정보들을 모아 놓는다.

아무리 하찮은 일이라도 보고하게 만든다. 사전에 정보를 파악해 놓으면 사내 테러를 저지할 방책을 마련할 수 있다. 소문의 근원지를 치기 위해 선수를 칠 수도 있다.

예를 들어 부하 직원의 빚 문제, 교우 관계, 점점 커지는 씀씀이 등 정보가 있으면 회사 자금을 사적으로 유용하는 사건이 발생하기 전에 방지할 수 있을지도 모른다.

이때 '첩자'에게 배신자라는 꼬리표가 붙어 팀 내에서 고립무원의 상태에 빠지는 일이 발생하지 않도록 주의해야 한다. **정보원이 누군지 절대 들키지 않도록 끝까지 보호해 주어야 한다.**

아무것도 모르고, 아무도 보고하려 하지 않고, 아무 소식도 듣지 못하는 리더, 이런 '벌거벗은 임금님' 상태가 가장 최악이다. 이것만큼 무서운 일도 없다. **조직에는 항상 사건의 불씨가 숨어 있는 법이다.**

'다른 팀이라면 몰라도 우리 팀에는 아무 문제없어. 너무나도 평온해' 등과 같이 태평하게, 멍하니 지내는 리더는 벌거벗은 임금님을 넘어선 '바보 영주' 상태다.

리더이기에 무언가 선수를 쳐서 미연에 방지할 수 있었던 사안도 있지 않았을까? 최후의 순간 큰 사건이 발각되어 돌이킬 수 없는 지경에 빠지고 나면 '이미 때는 늦었다.'

25

평온함에 빠지지 마라
'미친 듯이'
휘젓고 다녀라

하여튼 모험을 싫어하고, 무난하게, 무난하게 살아가고자 하는 리더는 안전책에 이은 안전책으로 항상 브레이크를 걸어 놓는다. 분명 조직을 평온무사하게 운영해 나가는 일만큼 좋은 일도 없다. 하지만 '부동여산(不動如山, 움직이지 않는 것이 마치 산과 같다)'도 지나치면 '민둥산'이 되고 만다. 백만 년 전부터 '리스크를 감수하라'고 하지 않았던가! 간덩이가 작은 리더는 정말 골치 아프다.

실적 악화로 부하 직원들의 사기가 점점 떨어지고 있는데 수비 자세에 변화가 없다. 나름 무슨 방법이 없을까 하여 암중모색으로 고생고생해 보지만, 사면초가, 아니 사방팔방이 꽉 막힌 상태다.

그런데도 리더에게 궁지에서 탈출하기 위해 모 아니면 도의 심정으로 승부를 걸어보려는 발상이 전혀 없다. 애당초 팀을 운영하는 일은 도박과도 같다. 좀더 과장되게 이야기하자면 인생 자체가 도박이다. 한

판 승부를 걸어야 할 때 걸지 못한다면 승기는커녕 탈출구조차 찾아낼 수 없지 않을까?

이렇게 된 이상 **더 미친(Crazy) 듯이 폭주하길 바란다.** 오다 노부나가처럼 '얼간이'라고 매도당하는 일이 있더라도 마치 폭주하는 말처럼 미쳐 날뛰며 팀 내부를 휘젓고 다니길 바란다. '히잉' 소리를 내며 온 힘을 다해 사무실을 뛰어 다니는 이미지다.

팀 멤버들이 컴퓨터 앞에 느긋이, 과묵하게 앉아있을 수 없는 분위기로 바꾸어 나갈 수만 있다면 성공이다.

어차피 이대로 간다면 이 팀에는 '추락'밖에 없다. 당신의 리더로서의 진가 또한 시험대에 올랐다고 할 수 있다. 어떻게든 잘 수습할 수 있는 '최선의 해결책은 없을까'하며 언제까지고 우물쭈물 하고 있다가는 무엇 하나 달라지지 않는다.

모든 팀 멤버가 큰소리로 '네?!'하며 술렁거릴 정도의 방침을 내놓기를 바란다. 이제껏 듣도 보도 못한 행동을 해야 한다. 가끔은 될 대로 되라는 마음가짐으로 부딪혀 보는 것도 괜찮다.

'도대체 말이야, 요즘 리더 왜 그래? 무슨 일 있었던 것 아니야?' 부하 직원들이 이렇게 수군거리기 시작한다면 성공이다. 물론 반발도 있으리라. 실패 또한 하리라. 뒤로 물러설 수밖에 없는 상황 또한 있으리라. 이럴 때는 '그래서 뭐?'하며 마치 폭주하는 열차처럼 행동하면 된다. 이제 아무도 당신 앞을 막아설 수 없다.

분명 여기서부터 '무언가' 움직이기 시작한다. 적어도 평온무사하지만은 않으리라.

2장

Coachings
신神코칭

다른 사람에게 기여하는 일은
당신이 지구에서 머무르는 공간에 대한 집세와 같다.
무하마드 알리(Muhammad Ali)

오늘의 목표는 내일의 매너리즘
데일 도튼(Dale Dauten)

누군가를 사랑하는 일은 그저 격한 감정이 아니다.
이는 결의이자, 결단이자, 약속이다.
에리히 프롬(Erich Fromm)

26

부하 직원을
죽이지 마라
'의타심'을 소탕하라

부하 직원이 성장하지 못하는 요인을 심층 심리 관점에서 깊이 파고
들어 보자. **크게 두 가지 요인으로 나눌 수 있는데, 바로 '리더가 너무 우수
한' 경우와 '부하 직원이 너무 우수한' 경우다.**

'리더가 너무 우수한' 팀은 리더 한 사람에게 너무 의존한 나머지 부
하 직원이 성장하지 못하는 폐해가 발생한다. '존경하는 리더처럼 되
고 싶다'며 그를 목표로 성장해 주면 좋은데 종종 그 반대 현상이 일어
난다.

리더가 너무 우수한 나머지 팀 멤버에게 '의존증'이 생기기 때문이
다. 우수한 리더는 마치 '이래도?', '이래도 안 따라올래?'하듯 힘을 과
시하며 팀을 통솔해 나간다. 정말 그 모습은 눈이 부실 정도다. **그에게
푹 빠진 부하 직원 마음속에는 '내가 아무리 발버둥 쳐도 리더에게는 절대
이길 수 없어'하는 체념과 '평생 이 사람을 따라가고 싶다'는 '의타심'이 크게**

부풀어 오른다.

이렇게 되면 안타깝게도 의존형 팀 멤버는 성장이 멈추고 만다. 가르침을 받기만 할뿐 스스로 배우려 들지 않고, 자기 혼자서는 아무 일도 결정하지 못하는 유약한 팀이 만들어지고 만다. 부하 직원들은 '우수한 리더'를 목표로 삼기보다 지금 리더의 마음에 들어 **영원히 '그의 우수한 노예'로 남고자 한다.**

그렇기에 아무리 시간이 흘러도 부하 직원들이 '자립'하지 못하는 것이다. 그런 그들을 보고 우쭐해져서는 '나만 따라오라'는 듯 '벌거벗은 임금님'처럼 거드름 피우고 있을 때가 아니다. 반대로 '부하 직원이 너무 우수하다'면? 리더가 표면상으로는 우수한 부하 직원을 키워주려고 노력할 것이다. 하지만 무의식중에 그의 '성장을 바라지 않는' 폐해가 발생하고 만다.

심층 심리 관점에서 보면 두 사람은 이미 리더와 부하 직원이 아닌 대등한 라이벌로써 힘겨루기를 하고 있기 때문이다. **열등감에 빠진 리더는 '부하 직원이 우수하기'를 바라는 한편 그들을 '우수한 리더'로 키우는 데는 공포감을 느낀다.** 그렇기에 부하 직원의 성장을 막고 그들을 죽이려고 한다.

어쨌든 이렇게 복잡하고 이상한 심리전이 펼쳐지는 상황에서 팀이 성장하고 커나갈 수 있겠는가? 당신도 가슴에 손을 얹고 생각해 보길 바란다. '나는 괜찮아'라고 생각하는 당신이야말로 깨닫지 못하고 있는지도 모른다. 이 기회에 **마음속 깊은 곳에 있는 당신의 '자기중심성'과 제대로 마주보지** 않겠는가?

27

말에 속지 마라
'얼굴'을 보고 내면을 파헤쳐라

부하 직원의 '내면'이 가장 드러나기 쉬운 곳, 바로 '얼굴'이다.

정말 흥미로울 정도로 현재 상태가 '얼굴'에 드러난다. 순풍에 돛 단 듯 잘나가는 부하 직원의 눈은 반짝반짝 빛난다. 무엇보다 표정에 생기가 넘치고 즐거워 보인다. 한편 마음속에 문제를 떠안고 있는 부하 직원의 눈은 죽어 있다. 마치 죽은 생선 같은 눈을 한 부하 직원도 있고, 때로는 범죄자처럼 '못된 얼굴'을 한 부하 직원도 있으니 잘 주시해 보기를 바란다.

하루하루 부하 직원의 '얼굴'은 변화한다. 잘생긴 얼굴에 현혹되어서는 안 된다. 억지로 꾸며낸 표정과 말에 속아서도 안 된다. 웃고 있다고 다 괜찮은 것은 아니다. 그 웃음이 거짓웃음인지, 쓴웃음인지, 그것도 아니면 비웃음인지 파악해야 한다. 항상 세심한 주의를 기울여 부하 직원의 '우울한 미소' 속 내면을 들여다보기 바란다.

나는 지금도 수십, 수백 명의 부하 직원들 앞에서 훈화를 하거나 강사 자격으로 연수를 할 기회가 많다. 무대에서 멤버들의 얼굴을 내려다보고 있자면 '못된 얼굴'을 한 부하 직원은 금세 알아볼 수 있다. '음, 지금 무슨 문제가 있는 게 틀림없어.' 걱정이 되어 그 부하 직원의 직속 상사에게 넌지시 근황을 물어보면 아니나 다를까 무언가 트러블을 안고 있거나 아니면 소극적인 마인드로 팀의 능률을 떨어뜨리고 있는 경우가 많다.

하지만 정작 '못된 얼굴'을 한 본인과 직접 이야기를 나누어 보면 어찌나 능수능란하게 얼버무리는지 '음, 생각보다 힘도 넘치고 괜찮아 보이네'하며 잘못 판단할 때가 있다. 그 연기에 많은 리더들이 속아 넘어간다. **'못된 얼굴'을 하고 '긍정적인 발언'을 하는 부하 직원도 적지 않으니 골치 아픈 것**이다.

리더에게는 아무래도 '얼굴'보다 '말'을 믿는 경향이 있는 듯하다. 부하 직원을 믿고 안심하는 편이 더 편하기 때문에 남우주연상, 여우조연상급 발언에 깜박 속아 넘어가는 것이리라. 그렇다고 부하 직원에게 악의가 있는 것은 아니다. 그저 '자기방어본능'일 뿐이다. 자신의 부정적인 내면에 성큼성큼 걸어 들어오는 것이 싫어 얼버무리는 것이다.

그러니 부디 부하 직원의 **말보다 '얼굴'을 보라.** 그들이 보내는 'SOS 사인'을 놓치지 않고 캐치해 냈다면, 그 즉시 사이렌을 울리며 마음속으로 들어가 그들이 안고 있는 문제와 직면해야 한다. **범죄 억제는 빠르면 빠를수록 좋다. 돌이킬 수 없는 '악인'이 되어 버리기 전에 갱생의 길로 인도해야** 한다.

28

자랑하지 마라
'자숙'하라

부하 직원들이 학을 때는 리더의 치명적인 나쁜 버릇 중 하나가 '자랑하기를 좋아한다'는 점이다.

자기 자신이 얼마나 뛰어나고, 어떻게 출세해 왔고, 무슨무슨 자격증을 땄고, 얼마나 교양이 넘치고, 얼마나 호화로운 맨션에 살고, 얼마나 자산이 많고, 얼마나 골프를 잘 쳐서 높은 점수를 내고, 얼마나 낚시를 잘해서 거대한 물고기를 잡았는지 등과 같은 **과거의 '무용담'을 한없이 늘어놓는다.**

부하 직원들은 지긋지긋해 하면서도 꾹 참고 들어주고 때로는 '대단하세요'하며 치켜세워주기도 한다. 술이 들어가면 상사의 자랑은 점점 더 심해진다. '아니, 그 이야기는 이미 백 번도 더 들었다고요!' 입이 찢어지는 한이 있어도 이렇게는 말하지 못한다. 그때마다 부하 직원은 마치 처음 듣는 이야기처럼 리액션하며 고개를 끄덕일 수밖에 없으니

고문이 따로 없다.

자기 자랑을 참지 못하는 리더의 경우 자신에 대한 평가가 낮다. 그 **'낮은 자기 평가를 높여야 한다'는 심층 심리의 불안감이나 공포심 때문에 자기 자신을 제어하지 못하고,** 자기도 모르는 사이에 자랑을 늘어놓고 만다. 그래봤자 부하 직원에게 경멸당할 뿐인데 도저히 참지 못한다.

반면 **자기 자신을 존경하는 사람은 자랑할 필요가 없다.** 부하 직원의 칭찬 따위 기대하지도 않는다.

자기 자신에 대해 자신이 있기 때문에 부하 직원의 자랑도 기쁜 마음으로 들어줄 수 있다.

하지만 '콤플렉스 리더'는 이를 참지 못하고 그와 관련된 자신의 자랑거리를 덧붙이기 시작한다. '난 말이야, 이런 일도…, 저런 일도…'하며 또 시작이다. 부하 직원들이 그 이야기를 얼마나 듣기 싫어하는지, 그리고 그들이 '마음속으로 실소'를 날리고 있다는 사실 또한 깨닫기를 바란다.

이제 더는 자랑하지 말고 일단 '자숙'하라.

그 대신 의식적으로 부하 직원의 정보를 수집하는 데 전념하라. 그렇다. 차라리 부하 직원의 자랑거리를 끌어내라는 말이다.

자기 이야기는 봉인해 두고, '요즘에 뭐 좋은 일 있어?', '지금까지 살아오면서 가장 감동 받았던 적이 언제야?'하고 물어본다. 그냥 대놓고 '자네 자랑 좀 해봐'하고 이야기해도 좋다.

'부하 직원의 자랑거리가 곧 자신의 자랑거리다.' 이 말뜻에 공감하고 눈을 반짝이며 열심히 귀 기울이기를 바란다.

29

방임하지 마라
긴밀한 관계를 맺고
'확실히 잡아놓아라'

의외로 '방임주의'가 현장에서 리더의 이상적인 코칭 스타일로 추대받곤 한다. 듣기 좋게 표현하자면 부하 직원의 주체성을 중요시하고, 자주성을 키우며, 그들 스스로의 의지로 솔선수범하여 일을 만들어 나갈 수 있게 지도한다는 말이다.

'지시만 기다리는 인간은 되지 마라!' 이렇게 '지시'하고 부하 직원들이 자발적으로 움직여주기를 강요한다.

'우리 팀은 방임주의야. 내 지시로 움직이는 멤버는 단 한 명도 없어'하며 멋지게 호언장담한다. 하지만 그 결과는 처참한 생산성이다.

부하 직원은 리더의 바람대로 움직여주지 않는다. 입 벌리고 '먹이'가 떨어지기만을 기다리는 '금붕어' 딱 그 모양새다. 스스로 움직이는 부하 직원은 기껏해야 2퍼센트 정도밖에 되지 않는다. 만일 정말 주체적으로 움직이는 멤버가 10퍼센트 정도 된다면 리더 따위 필요 없다.

존재할 의미도 없다. 그저 형식적인 장식용 관리직에 불과하다.

나는 '자주성 존중=무책임'이라고 생각한다. 대부분의 리더는 **편하고자 하는 마음에 '핑계'를 대기 위해 방임주의나 자주성 존중이라는 대의명분을 내거는 것일 뿐**이다. 이중에 진정으로 부하 직원을 위하는 리더는 별로 없다.

이렇게 되면 이미 팀은 다 제각각이다. **방임 상태가 지속되면 '귀속 의식'이 현저하게 떨어지고 만다.** 우스갯소리처럼 들릴 수도 있지만, 주체성 있는 우수한 부하 직원일수록 이직할 곳(또는 전속〈轉屬〉할 곳)을 찾아다니기 시작한다.

항상 부하 직원 한 사람 한 사람과 밀접한 관계를 맺고 '확실히 잡아놓아야(Commitment)' 한다. 그렇다. 함께 나아갈 '목표'를 확실히 잡아놓아야 한다는 말이다. 단 목표라고 꼭 크지 않아도 된다. 목표라기보다는 **'언제', '무엇을', '어떻게', '시작'할 것인지**를 확실하게 잡아놓고 부하 직원들이 강하게 의식하도록 만들어야 한다.

이처럼 **첫 발을 내딛을 시점을 '확실히 잡아' 놓으면 짧은 기간 안에 '되돌아볼 수 있어(Feedback)' 약속이 흐지부지되지 않는다.** 이때 '서로 잡아 놓은 목표'를 리더가 잊어버리는 경우도 흔하다. 물론 부하 직원의 의식에서 목표가 서서히 멀어져가기도 한다. 서로가 목표를 '방임'해 버린다면 아무런 의미도 없다.

어쨌든 부하 직원과 매일매일 교류하며 그들이 한 발 한 발 내딛을 수 있도록 만들어야 한다. '부하 직원의 자주성'을 뒤에서 밀어주는 일이 리더의 일이라면 **방임주의는 '수수방관'일 뿐이다.**

30

형식뿐인 면담은 그만
'오모테나시 리뷰'로
부하 직원을 되살려라

앞으로 아무리 AI가 발달하고 진화한다 해도, 아무리 업무 방식 개혁이 추진된다 해도 리더와 부하 직원의 관계는 깊으면 깊을수록 좋다. 백 년 후에도 통용될 '신의 법칙'이라고 단언할 수 있다. 그도 그럴 것이 어차피 '인간 대 인간'이 아니던가! 오히려 AI 이후에 남을 비즈니스 과제는 리더와 부하 직원의 커뮤니케이션밖에 없다고 해도 과언이 아닐 듯하다.

이에 그동안 뒤로 미뤄왔던 상대방에 대한 배려나 헤아림이 가득 담긴 '오모테나시 리뷰'를 제안하고자 한다. 어떤가? 이는 오래 전부터 전해져 내려온 일본의 좋은, '일본인 리더'밖에 할 수 없는 '장인의 기술'이 아니던가! 그렇다. **'오모테나시'야말로 '인심을 장악**'한다.

'당신은 배려심 있는 리더입니까?'라는 질문에 거의 100퍼센트에 가까운 사람이 그렇다고 대답하리라. 자기 딴에는 주의 깊고, 세심하고, 배려할 줄 아는 리더라고 생각한다.

하지만 이를 위해 **구체적으로, 정기적으로 어떤 일을 하는지** 물어보면 대부분의 리더가 제대로 대답하지 못한다. 애초에 일반적인 조직의 경우 반년에 한 번 정도, 형식적인 연간 평가의 한 형태로 중간 리뷰를 실시하는 정도지 않을까?

나의 경우 이 중간 리뷰의 주기를 '빠르게' 회전시키기로 그리고 철저하게 '깊이 파고들기'로 마음먹었다. **적어도 일주일에 한 번이나 두 번, 요일과 시간을 정해서 모든 팀 멤버와 개별적으로 면담**한다. 여기에 '예외는 없다.' 저 사람은 베테랑이니까, 실적이 좋으니까, 이번 주는 바빠 보이니까 등의 특별 취급은 일절 없다. 이를 위한 면밀한 준비와 다른 업무의 여파로 사무실에서 잠을 잔적도 있을 정도다.

리더는 **온몸과 마음을 다해 부하 직원과 마주해야 한다.** 한 사람 한 사람의 사정이나 특성을 파악한 후 온 정성을 다해 그들을 '오모테나시'해야 한다. 매번 똑같은 이야기만 늘어놓으면 질려하고 거북해 한다. 이래서야 본말전도다. 무엇을 위한 면담인지 알 수 없다.

결코 형식에 구애되면 안 된다. '질'을 추구해야 한다. 리더는 **애정 어린 커뮤니케이션 기술을 구사하여 팀의 컨시어지(Concierge)가 되어야 한다.**

고민 많은 부하 직원에게는 카운슬링이, 더 성장하고 싶어 하는 부하 직원에게는 코칭이, 일 욕심이 많은 부하 직원에게는 비밀 기술 티칭이 필요하다. 리뷰에는 강평, 점검, 재고, 복습, 평가, 정밀 조사 등의 의미가 있다. 그때그때 **'오모테나시 리뷰'라는 최상의 서비스를 제공하여 부하 직원을 '되살려라.'**

동의를 구하지 마라
'합의'하라

부하 직원과 대화하다 보면 논점이 벗어날 때가 있다. 분명 같은 주제에 대해 이야기하고 있었는데, 각자가 바라보는 '각도'가 달라 이야기의 결론이 보이지 않게 된다.

리더의 주장도 맞고, 부하 직원의 주장도 맞다.

서로의 이야기가 평행선을 달린다면 또 몰라도 방향성에 차이가 생기고 결국 둘 사이에 커다란 골이 생기고 마는 이유는 무엇일까?

이야기를 나누는 도중에 리더가 강력하게 동의를 구하면 부하 직원들은 왠지 모를 위화감을 느끼면서도 '네, 네, 알겠습니다'하고 대답하고 만다.

덕분에 그런대로 대화는 이어진다.

하지만 얼마 지나지 않아 둘의 방향성이 다르다는 사실을 깨달은 리더는 '그런 말이 아니잖아. 지금까지 도대체 뭘 들은 거야!'하며 짜증을 폭발시키고 만다. 그리고 둘 사이에 더는 뛰어넘을 수 없을 정도로 깊고, 큰 골이 생기고 만다.

이러한 의견 차이, 잘못 끼운 단추 때문에 고민하는 리더는 없을까? 물론 처음에는 두 사람의 이야기가 엇갈려도 상관없다.

그 엇갈림을 수정해가며 최종적으로 방향성이 일치한 목표를 정하도록 이끄는 일이 코칭의 본질이다.

그런데 이런 어긋남이 매번, 자주 발생하는 이유는 무엇일까?

그 대답은 **사전에 '결단에 대한 합의'라는 목표를 설정하지 않았다는 데 있다.**

누구나 '자기가 옳다'고 믿고 정당성을 주장한다. 이는 리더도, 부하 직원도 마찬가지다.

그렇기에 대화를 시작하기 전에 전제 조건과 그 흐름을 정리해 두어야 한다.

최대 테마와 주제, 대화의 목적과 이유, 오늘의 목표(결정할 일) 등 사전에 메뉴를 펼쳐 놓고 '오늘의 코스 요리'를 주문해 두어야 한다.

적어도 중식으로 할지, 프렌치로 할지만 정해 두어도 마지막 순간에 디저트를 아몬드젤리로 할지, 마카롱으로 할지를 두고 옥신각신할 일은 없다.

따라서 **대화를 시작하기 전에 '결단에 대한 합의'를 통해 서로의 인식을 맞추어 두는 일이 절대 조건**이 된다.

'지금 무엇을 결정하기 위해 이야기를 나누려고 하는지', 그 '결단에 대한 합의'가 항상 꼭 필요하다.

32

이미지로 단정 짓지 마라
데이터를 통해 '사실'을 보라

숫자는 정말 편리하다. 그곳에 '답'이 꽉 차 있기 때문이다.

단, 숫자 중에 매니지먼트를 잘못된 길로 이끄는 숫자도 있다. 바로 '과거의 실적'이다. **과거에 발군의 '실적'을 냈다고 해서 '지금도 여전히', '앞으로도 쭉' 그러리라는 법은 없다.** 조직의 숫자도, 부하 직원 한 사람 한 사람의 숫자도 마찬가지다.

물론 과거의 실적도 과거, 현재, 미래의 수치와 비교하여 동태 분석을 하는 데는 도움이 된다. 하지만 과거의 영광에 빠져 교만하게 굴거나 구태의연한 방법을 고집하며 현실에 적응하지 못하는 부하 직원이 있다면 이미 그는 '끝난 사람'일지도 모른다.

따라서 지금 눈앞에 있는 '현재'의 상세 데이터만 분석해야 한다. 리더의 뇌리에 박힌 자기 멋대로의 부하 직원 이미지가 제일 무섭고 살이 떨린다. 이는 고정관념으로 이어져 리더의 냉정하고 침착한 판단을

리더의 신 100법칙

빼앗아 버린다.

과거의 이미지에 현혹되고 속아서는 안 된다.

본래 숫자는 다양한 문제를 제기해 주는 편리한 존재다.

그럼에도 리더가 이를 올바로 활용하지 못한다면 '리더 부적격'이라는 낙인이 찍힌다 해도 별 수 없다. 부하 직원과 바로 만날 수 없는 먼 곳에 있을 때도 숫자를 보면 답이 보일 때가 있다. 커뮤니케이션이 부족할 때도, 아니 **커뮤니케이션을 안 하기에 더욱 숫자만으로 볼 수 있는 '사실'이 있는** 법이다.

그렇다고 해서 '결과만' 보고 판단한다면?

이는 너무 섣부르다.

두말할 필요도 없이 프로세스 매니지먼트가 중요하다. **숫자를 보려거든 결과보다 그에 이르기까지의 하나하나의 '프로세스'를 분석해 주길 바란다.** 가령 당신이 세일즈 매니저라면 잠재 고객 발굴부터 약속 잡기, 고객과의 첫 만남, 프레젠테이션 등 하나하나의 프로세스의 '수'와 그 '이행률', '성약률', 즉 '양과 질'을 철저하게 분석해야 한다.

그 분석 결과 중에서 부하 직원 본인이 과제를 찾아낼 수 있도록 힌트를 주고, 스스로 깨달을 수 있도록 근거를 바탕으로 지도해야 한다.

부하 직원이 '아, 그렇구나'하며 이해하고, '그럼 이 부분을 개선하면 되겠구나'하며 수긍하고, '이 프로세스 목표에 한 번 매달려 보겠습니다'하며 행동을 명확히 하고, '최종 목표는 이겁니다!'하며 의욕을 보여 준다면 부하 직원의 성공과 성장도 멀지 않으리라.

그렇기에 리더는 절대 **숫자라는 '사실'에서 눈을 돌려서는 안 된다.**

33

따분한 분위기를 만들지 마라
가슴 뛰는 '질문 능력'으로 돌파하라

우수한 리더의 무기, 바로 '질문'을 교묘하게 조종하는 힘이다. 부하 직원을 마음먹은 대로 조종할 수 있는 비법은 그가 하고 싶은 이야기를 이어나갈 수 있도록 질문을 계속하는 것이다. 이 철칙을 절대 잊어버리면 안 된다.

아직 '들을 자세'도 안 된 부하 직원에게 신규 프로젝트가 얼마나 멋진지, 어떻게 목표를 달성해 나갈지를 주구장창 이야기하면 안 된다.

대부분의 팀 멤버는 **당신의 따분한 이야기를 꾹 참고 들어줄 수 있는 어른들이다.** 하지만 당신 뜻과는 달리 그들의 마음에는 아무런 울림도 없다. 그렇기에 그들은 '움직이지 않는다.'

앞으로 당신의 코칭 지도를 '전체 질문형'으로 바꾸길 바란다.

질문 능력 초급 단계에서는 일단 순수하게 한 인간으로서 부하 직원에게 관심을 갖고 질문을 던진다. '질문하고', '맞장구치기'를 반복하며 한결같이 경청하는 자세를 유지해야 한다. 이때 **맞장구는 '좋은데', '대단하다', '멋진 걸'의 세 가지로 한정한다.**

단순하게 계속 반복하면 된다.

질문 능력 중급 단계에서는 '칭찬하는 말' 대신에 질문을 조종하길 바란다.

예를 들어 '목표 달성 축하하네'라고 칭찬하기보다 '달성할 수 있었던 비결이 뭔가? 어떤 전략으로 추진한 거지? 무언가 동기부여가 될 만한 일이 있었나? 어떤 공부를 했지? 영업 활동 방법을 바꾼 건 아닌가?' 등과 같이 **부하 직원이 기뻐할 만한, '네, 아니요'로 대답할 수 없는 질문을 다섯 번 이상 반복한다.** 이를 습관화하면 반드시 그 안에서 자존심을 치켜세워줄 질문이 떠오르고 핵심적인 테마가 드러나리라. 그리고 질문하면 할수록 부하 직원과의 거리가 좁혀진다.

질문 능력 상급 단계에서는 **부하 직원이 정말 하고 싶은 '자랑'을 '오~, 그래서 어떻게 됐어?'하며 더 심도 있게 질문**하여 그들을 수다쟁이로 만들기를 바란다. 그 과정에서 서서히 부하 직원이 소중하게 여기는 정체성이 드러나리라.

부하 직원이 일방적으로 이야기하는 것이 아니다. 어디까지나 '당신이 들어주고', '당신이 흥미를 보인' 화제에 부하 직원이 대답하는 방식으로 그들의 '자존심'을 충족시켜 주기를 바란다.

내일부터 당신은 그냥 리더가 아니라 프로 '인터뷰어'다.

'본론에 들어가기 전에 다섯 가지 질문을 던지는' 습관을 들여 보면 어떨까?

34

'정답'을 알려 주지 마라
꾹 참아라

바로 그 자리에서 '정답'을 듣고 싶어 하는 부하 직원이 있다. 스스로 생각하지 않고 아주 사소한 일까지 리더에게 질문하고, 질문하고, 또 질문한다. 상냥한 리더는 '이렇게, 이렇게, 이렇게 하면 되는 거야' 하며 바로 정답을 가르쳐준다. 그런데 조금 있다 다른 직원이 또 똑같은 질문을 한다. 계속 이 과정이 반복된다. 이미 다 알고 있는 내용이나 아무래도 상관없을 간단한 일조차 거듭 리더에게 확인 받고 싶어 하는 부하 직원도 있는 듯하다.

이러한 악습 때문에 부하 직원의 '의존 체질'은 점점 더 심각해져 간다. 부하 직원이 '성장하지 못하는' 것은 물론 바쁘디 바쁜 리더의 일이 그때마다 중단되어 전혀 진척되지 않는 악순환에 빠지고 만다. 거 참, 이런 바보 같은 과잉보호는 이제 그만두길 바란다. **바로 '정답'을 알려 주고 싶은 마음'을 꾹 참아라.**

그렇다고 리더의 승인을 꼭 받아야 하는 일이나 리더의 재확인이 필요한 중요 사항을 부하 직원 마음대로 판단하게 두어서는 안 된다.

여기서 단호히 이야기하고자 한다. **스스로 '심사숙고'하여 정답을 도출해 내기까지의 '경험'으로 부하 직원은 성장해 나간다. 그리고 이 과정은 매우 중요하다.** 이를 통해 주체성, 자율성, 응용력, 창조력, 판단력 등이 몸에 붙는다. 신선한 뇌를 풀가동하여 아이디어를 짜내고 또 짜내라고 이야기하고 싶다.

따라서 부하 직원과 상담할 때 리더 자신의 정답을 덮어씌우려 하지 마라. 가령 부하 직원이 강력하게 정답을 요구하더라도 일단 리더로서의 '정답'은 꼭 삼키고, **'자네라면 이 문제를 어떻게 하겠는가?'하며 부하직원의 의견을 재촉하도록 하자. 리더가 먼저 정답을 내놓는 일만은 삼가도록 하자.**

힌트 정도만 주고 최대한 **'그 외에 또 어떤 답이 있을까?'하며 부하 직원이 '깊이 파고드는' 습관을 기를 수 있도록 만들어야** 한다. 그들의 '힘'을 최대한 끌어내기 위해서다.

단 무뚝뚝하게 내치는 행동은 삼가길 바란다. '스스로 잘 생각해 보라'고만 한다면 '차가운 리더'를 향한 불신감이 높아지고, 아무것도 모르는 '바보 리더'라는 꼬리표가 붙을 수도 있기 때문이다.

실패할 것이 불 보듯 뻔한데 마치 시험이라도 하듯 방임하는 자세도 피해야 한다. 자신감을 잃는 등의 역효과는 물론 서로의 신뢰 관계에도 균열이 생길 수 있다.

어디까지나 **기본은 '함께 정답을 도출해 나가는 자세'다.**

35

논의에 이기지 마라
논파하지 말고
'들을 귀'를 가져라

때로 당신은 용기 있는 부하 직원의 의견이나 반론을 '반론의 반론'으로 봉쇄해 버리지는 않는가? 만약 어른답지 못하게 욱해서 부하 직원과의 논의에 절대 질 수 없다며 논파하고 또 논파하여 '전승'을 거두고 연승 가도를 달리고 있다면 팀의 실적은 분명 연패를 거듭하고 있으리라.

부하 직원과의 논의에서 이기는 일이 리더의 프라이드라고 굳게 믿고, 가령 그의 의견이 정론이라 해도 억지로 똘똘 뭉친 '반론의 반론'으로 억누르기 십상이다. 하지만 이제 그만 눈을 뜨길 바란다. **부하 직원은 '당신이 자기 이야기에 귀를 기울여 주기를 바란다.'**

이제 와서 '아니, 잘 듣고 있어'하며 당신이 귀를 기울이는 포즈를 취한다고 해도 부하 직원은 '어차피 마지막에는 자기 쪽으로 구워삶겠지', '어차피 오른쪽 귀로 들어가서 왼쪽 귀로 나갈 텐데 뭐'하며 체념하고 있으리라. 문득 정신을 차리고 보면 높으신 리더 주위에는 '거짓 예스맨'들만이 남아있을 뿐이다. 진정한 부하 직원은 누구 하나 따르지 않는다.

실적이 오르지 않는 것은 자명한 이치다. 방침이 뿌리를 내리지 못하는 것 또한 지극히 당연한 일이다.

일단 자세의 문제다. 부하 직원이 의견을 말하는 동안에는 끝까지 입을 다물어야 한다. 어쨌든 그의 이야기에 귀를 기울여 주기를 바란다. **부하 직원의 이야기에 관심을 보이며 그저 고개를 끄덕이고, 많이많이 맞장구 쳐주고, 마음을 기울여 무슨 말이든 다 들어주는 자세를 절대 흐트러뜨리면 안 된다.** 부하 직원의 말, 주장, 요청 사항, 이 모든 것에 흥미를 갖고 귀를 기울여야 한다.

'내 이야기에 귀 기울여 주는 사람의 말이라면 들어줘도 좋다.' 이렇게 생각하는 것이 인지상정이다. 부하 직원의 '마음의 목소리'를 들은 후에 당신의 주장과 의견을 내놓아도 결코 늦지 않다.

어느 시대든 부하 직원은 '공감해 주고 인정해 주는 리더'를 신뢰한다. 그리고 그 결과 둘 사이의 진정한 유대감이 더욱 깊어져 간다.

가령 부하 직원의 말이 차마 들어줄 수 없을 정도의 독설이라 할지라도 일단은 긍정적인 자세로 마음을 기울여 경청해야 한다. **괘씸한 그 말 속에 '변혁의 힌트'가 꽉 들어차 있기 때문이다.** 지금 당장 활용할 수 없는 제안이라도 장래 팀에 도움이 되는 아이디어일 수도 있고, 실현하기 어려운 요청 사항이 때로는 '문제의 핵심'을 꿰뚫고 있는 경우도 있다. **우수한 리더를 만나면 모든 의견이 조직 발전을 위한 '식량'이 된다.**

36

반항적인 태도에 화내지 마라 '받아들이고' 앞으로 나아가라

아무리 코칭하고 카운슬링을 해도, 다양한 매니지먼트 스킬을 습득하여 때로는 부하 직원의 고민 이야기에 끝까지 귀 기울여주고, 때로는 적절한 조언을 해주고, 때로는 애정 어린 꾸짖음을 한다.

또한 아무리 리더가 분발하고 노력해도 부하 직원은 어디까지나 부하 직원일 뿐이다.

변화를 두려워하는 그들에게는 '리더에게 조종당하고 싶지 않다', '리더 편할 대로 설득당하고 싶지 않다' 등과 같은 방어 본능이 항상 작용한다. 섣불리 리더의 계략에 속아 쓸데없이 일을 늘리지 않도록 자기 자신을 방어하려 한다.

그들은 지령이나 요청 등 무슨 일이든 순순히 받아들여 리더 마음속에 '자기 마음대로 할 수 있다'는 믿음이 생겨버리면 더는 되돌릴 수 없다고 생각하기에 루틴 워크로 도망치려 한다.

그렇다.

부하 직원도 상당한 수완가다.

미리 예방선을 쳐놓고, 이를 멋지게 '돌파'한 리더에게만 '이야기를 더 진행시켜도 좋다'는 티켓을 발행해 준다.

그렇다고 힘을 써서 강압적으로 설득하려고 하면 퇴로가 막혀 버린 부하 직원은 더욱 경계하며 저항하기 시작한다.

그 반발을 억지로 가두어 놓는 한 부하 직원에게는 '그럴 마음'이 생기지 않는다. 결국 리더의 진의는 아무것도 전해지지 않고, 그들이 마지못해 떠맡은 일에서는 이렇다 할 성과도 나오지 않는다.

이처럼 티켓도 없이 '코칭 열차'에 올라타려고 하니 항상 탈선하고 마는 것이다. 가령 부하 직원이 아무리 반항적인 태도를 보이더라도 절대 화를 내면 안 된다.

그러면 지게 된다. 어디까지나 **'여유로운 미소'로 받아들여야 한다. 당신의 포용력이 얼마나 큰지 '시험당하고 있을 뿐'**이라는 사실을 제대로 인식하는 일이 중요하다.

반발하는 부하 직원을 그 자리에서 모두 부정하지 않는다.

'그렇지~', '맞아 정말 그래~', '그 마음 나도 알지~'하면서 그의 반발을 전혀 개의치 않는 관대한 마음으로 긍정해 주어야 한다.

아무리 어처구니없는 허튼 소리라도 한 번 정도는 이해해 준다.

'사실 자네가 그렇게까지 싫어하는 것 같지는 않은데'하는 여유로운 태도가 '거부하려 했던 부하 직원'의 거북한 마음을 풀어준다. 그리고 이때 비로소 '코칭 열차'는 앞으로 나아가기 시작한다.

37

침묵을 두려워하지 마라
부하 직원의 '자기 탐색'을 서포트하라

아주 오래 전부터 영업 세계에는 '골든 사일런스(Golden Silence)'라는 이론이 존재해 왔는데, 리더의 코칭 세계에도 이 이론은 유효하다.

그렇다.

'침묵은 금'이다.

너무 많이 떠들어 고객을 곤혹스럽게 만드는 못난 영업 사원이나 너무 많이 떠들어 부하 직원을 궁지로 몰아넣는 리더는 똑같은 죄를 짓고 있는 셈이다.

부하 직원을 지도할 때 이미 모든 질문과 해결 방법이 나왔다면 더 다그치지 않는 편이 좋다. 부하 직원이 쓸데없는 혼란에 빠져 갈피를 못 잡기 때문이다.

그렇기에 이때다 싶은 클라이맥스 때는 조용히 **'자기 자신을 탐색'할 시간**을 주어야 한다. 꼭 참아야 한다.

부하 직원이 먼저 입을 열 때까지 절대 말하면 안 된다. 아무쪼록 '침묵'을 두려워하지 말길 바란다.

부부싸움도 마찬가지다. 심한 말이 오가는 싸움에 지쳐 긴 침묵이 이어지고 있을 때 거의 틀림없이 먼저 입을 여는 사람이 패배한다. '한 발 다가서는 말'이나 '사죄의 말'을 꺼내기 시작하기 때문이다.

흥미롭게도 매니지먼트의 최전선에서도 똑같은 일이 발생한다. **침묵을 깨고 부하 직원이 던지는 첫 마디는 대부분 긍정적(Golden)이다.**

또 일단 조용히 자리를 비켜주는 방법도 효과적이다.

예를 들어 '잠깐 화장실 좀 다녀올게', '미안한데, 급한 전화 한 통만 하고 와도 될까?'하며 부하 직원 혼자서 '자기를 돌아볼 수 있는 시간'을 마련해 준다.

이런 시간을 확보해 주면 부하 직원이 생각을 정리하거나 새로운 깨달음을 얻을 수 있다. 또 조용히 각오를 다질 수도 있다. 바로 부하 직원 스스로의 의지로 말이다.

리더가 자리에 돌아갈 때면 이미 어떤 형태로든 결론을 낸 후거나 목표에 한 발 다가선 질문을 던지는 경우도 적지 않다. 꽉 막혀 있던 '기운'은 화장실 물과 함께 내려버렸다고 생각하면 된다. 새로운 마음가짐으로 최종 라운드를 맞이할 수 있으리라.

나아가 침묵이 한참 이어지고 있을 때 수첩을 들여다보며 '지금 눈앞에 있는 부하 직원은 전~혀 보이지 않는다'는 듯한 시치미 떼는 제스처로 조용히 신을 '유체 이탈시키는 방법'도 있다. 그렇다. **부하 직원이 쉽게 자기 자신을 돌아볼 수 있는 분위기를 연출해 주는 것이다.**

38

실패의 원인을
추궁하지 마라
'회복할 수 있는 스토리'를
깨닫게 만들어라

부하 직원이 실패했을 때 '도대체 왜 성공하지 못한 거야?'하며 추궁하는 리더가 있다. 당신도 때로는 부하 직원의 잘못을 책망하지는 않는가? 분명 그 행동은 실수의 원인이나 목표를 달성하지 못한 책임을 추궁하고 개선시켜 주기 위한 올바른 지도처럼 보이기도 한다. 아직 만회할 수 있는 상황이라면 철저하게 원인을 추궁해도 좋다. 하지만 쓸데없는 '고문'은 마이너스로밖에 작용하지 않는다.

'이유'를 추궁당하는 부하 직원 입장에서 보면 짜증난 리더에게 '책망을 듣는다'는 느낌밖에 안 든다. **'왜? 왜?'하며 아무리 추궁해도 부하 직원은 점점 더 위축될 뿐**이다.

부하 직원도 자신의 방법이 틀렸다는 사실 정도는 이미 알고 있다. 왜 그랬냐는 질문에 '이유'를 이야기하면 '그건 핑계일 뿐!'이라며 리더의 분노를 더 키우고 만다는 사실 또한 알고 있다. 그렇다고 해서 '심문'에 대답하지 않으면 '변명도 못하냐!'며 질책 받으리란 사실 또한 알고 있다. 부하 직원에게는 삼중고인 셈이다.

이때 부하 직원이 받는 스트레스 정도는 최악의 수준이다. **점점 의욕과 자신감을 잃고 마는 순간**이기도 하다.

'왜 이번 달 매출 달성률이 70퍼센트밖에 안 되지?' 형사처럼 심문하는 리더는 실패의 원인을 찾기 위해 부하 직원을 '취조'한다. 중요 참고인인 그에게 모든 책임을 전가하고 '자신은 공범이 아니라는' 증거를 모으고 싶을 뿐이다. 하지만 사실 당신도 엄연한 '공범자'다.

좋은 리더에게는 좋지 않은 결과를 받아들일 수 있는 도량이 있지만 나쁜 리더는 좋은 결과만 받아들인다. 리더 자신의 책임을 통감하고 좋지 않은 결과를 앞으로의 기회로 삼을 수 있느냐 없느냐, 이는 리더로서의 '힘'을 키울 수 있는 기회이기도 하다.

실패로부터 얻은 '깨달음'이나 '교훈'을 다음에 잘 활용해 나가는 것이 리더 본연의 업무다.

그리고 '다음번에는 어떤 전략으로 목표를 달성해 볼 텐가?'처럼 미래에 방향을 맞춘 긍정적인 질문으로 부하 직원으로부터 구체적인 개선책을 이끌어내고, **'사건의 진상'과 '회복을 위한 스토리'를 그 스스로 깨닫게 만들어야** 한다.

'누가 나쁜가'가 아니라 '어떻게 하면 잘 될까?'를 함께 생각해 나가야 한다.

부하 직원은 희망을 품을 수 있는 건설적인 커뮤니케이션에만 따라온다. 앞으로는 '왜?'라는 질문을 '어떻게 할래?'로 바꾸고, 이제 그만 '범인 수색'에서 발을 빼는 게 어떻겠는가?

39

부하 직원의 '공포심'을 부정하지 마라
괴로운 마음을 같이 나눠라

사실 나는 동물이 너무 무섭다. '귀여워, 귀여워'하며 인간 이상으로 애정을 쏟는 강아지나 고양이, 작은 새 같은 애완동물도 나에게는 '공포의 대상'일 뿐이다.

풀어놓고 키우는 작은 강아지가 다가오기라도 하면 비명을 지르고 삼십육계 줄행랑을 치리라. 한마디로 '한심하다' 하지만 무서움 정도를 표현하자면 사바나에서 사자에게 쫓기는 것만큼 무섭다. 분명 당신은 '왜? 이렇게 귀여운데'하며 내가 느끼는 감정에 전혀 공감 못하지 않을까? 그도 그럴 것이 동물을 좋아하는 사람이 '동물공포증'을 이해할 수 있을 리가 없다.

애완동물을 좋아하는 사람은 **'괜찮아'하며 웃음 짓겠지만 전혀 괜찮지 않다.** 너무 무서워서 만져보기는커녕 가까이 다가가지도 못한다.

비즈니스 세계도 사바나와 마찬가지로 약육강식의 세계다. 그렇다면 이와 비슷한 케이스가 있지 않을까? **그렇다. 바로 부하 직원의 '공포심'을 전혀 이해하려 들지 않는 저돌적이고 맹렬하게 돌진하는 유형의 리더다.**

예를 들어 영업 최전선에도 '공포증'을 지닌 부하 직원이 있다. '컨설팅은 자신 있는데 전화영업은 무섭다', '주부 고객은 자신 있는데 경영자는 무섭다', '화이트칼라 쪽은 자신 있는데 블루칼라 쪽은 무섭다.' 이처럼 부하 직원에게는 **논리로 설명할 수 없는 서투르다는 의식이 있다.**

그런 부하 직원의 '공포심'을 이해해 보려는 노력도 없이 무조건 '있을 수도 없다', '그런 건 다 기분 탓이다', '일단은 부딪혀 보는 정신이 필요하다'며 내치는 리더는 비즈니스라는 사바나에서 부하 직원이 그냥 죽게 내버려 둔다.

분명 극복하지 못할 약점은 없을지도 모른다. 하지만 **부하 직원 입장에서 보면 일단 '공포심을 이해해 주기를 바라지' 않을까?**

얼마나 힘든지 알아주기만 해도 작은 용기를 얻을 수 있다. 그런 리더와 함께라면 '저돌적으로, 맹렬하게 돌진해 보자'는 마음도 든다.

참고로 문호 다자이 오사무 씨와 마타요시 나오키 씨의 공통점 중하나가 '개를 싫어하고', '동물을 싫어하는' 점이라고 한다. 《포치 이야기》라는 다자이 씨의 작품 속에는 개가 얼마나 무서운지 잘 묘사되어 있다. 마타요시 씨도 '나에게 개는 곰만큼이나 무섭다'고 이야기할 정도. 이 문호 두 사람이라면 **'내 기분을 이해해 줄지도 몰라', 이런 생각만으로도 마음이 든든하고 용기가 솟아오른다.**

나도 모르게 집필에도 힘이 들어가 어쩌면 문학상도 꿈이 아니지 않을까 하는 마음마저 든다.

40

매뉴얼을 유명무실하게
만들지 마라
자신만의 '바이블'로
만들어 전승시켜라

기존에 만들어진 매뉴얼만큼 따분한 것도 없다. 대부분의 경우 유명무실해져서 실전에서는 아무 쓸모없기 때문이다. 실태와는 동떨어진 무난한 매뉴얼 등은 최전선에서 뛰는 멤버 입장에서 보면 종이 나부랭이와 다를 바 없다.

그렇다면 쓸 만한 매뉴얼도 없이 부하 직원들 나름의 방식에 맡겨두기만 해도 정말 높은 성과를 계속 올릴 수 있을까?

두말할 필요도 없이 이래서는 생산성이 오르지 않는다.

역시나 실천적인 매뉴얼이 필요하다.

특히 요즘 젊은 사원 중에는 '매뉴얼군(君)'이 많다. 그들은 논리적으로 이해가 안 되면 움직이지 않는 경향이 있어 다루기 쉽지 않다.

그들은 '의지할 수 있는 교과서'나 '믿을 수 있는 참고서'를 요구한다.

따라서 리더 자신이 숙지해 놓은 오리지널 매뉴얼이 꼭 있어야 한다. 그것도 확실히 도움이 되고 시대의 첨단을 달리는 정보가 가득 담긴 최신판이어야 한다. 경험을 바탕으로 축적된 지식, 실전에서 단련된 스킬, 피나는 경험 끝에 얻은 마인드, 이 모든 것을 공개할 수밖에 없다. 이렇게 **갈고닦은 리더의 '매뉴얼'이야말로 팀의 '바이블'로 대대로 전승되어 간다.**

예를 들어 내가 지금 있는 직판 조직은 무(無)에서 탄생했는데, 그 준비 단계부터 200페이지에 달하는 오리지널 구인(스카우트) 매뉴얼을 제작했다.

또 외국자본계열 생명보험회사에서 지사장을 지내던 때도 무엇이든 다 매뉴얼로 만들었다. 마음가짐을 다룬 매뉴얼로 제작한 메시지집은 훗날 한 권의 책으로 만들어졌을 정도다. 분명 이러한 '입문서'의 존재는 부하 직원들에게 든든한 정신적 지주 역할을 했으리라.

고객에게 보내는 편지 작성 방법도 오리지널 매뉴얼을 작성했다. 다양한 유형의 고객마다 각 프로세스 단계별로 편지 쓰는 방법을 조합해 놓은 수십 종류에 달하는 대작이다. 타이틀은 단도직입적으로 '성실한 남성(여성)이 인·기·있·다'였다.

직판 매뉴얼은 스크립트를 작성하여 한 마디 한 마디 '통째로 다 외우게' 만들었다.

부하 직원 한 사람 한 사람의 개성은 존중한다. 하지만 그들의 사고방식이나 기술은 누가 보기에도 그리고 어디를 보아도 리더인 당신과 똑같은 복제품이어도 괜찮다. 부디 당신도 부하 직원이 당신을 믿고 따라가고 싶어질 만한 자기 자신만의 '바이블'을 제작하길 바란다.

41

방치하지 마라
'모의 트레이닝'으로 연마시켜라

대부분의 부하 직원은 모의 트레이닝을 피하고 싶어 한다. 그러다 보니 모의 트레이닝을 지도해야 할 리더도 우유부단해져 '뭐 다음에 하면 되겠지'하며 뒤로 미루기 십상이다. 하지만 리더는 절대 도망치면 안 된다. 또 부하 직원이 그냥 도망치게 두어서도 안 된다.

'모의 트레이닝(Roll play)'을 진행하는 기본 프로세스는 다음과 같다.

제1단계에서는 **트레이너이기도 한 리더가 먼저 시범을 보인다.**

초심자도 흉내낼 수 있는 기본적인 스킬 중에서도 부하 직원이 '이거면 되겠다!'하며 무릎을 탁 치고, 여기에 '역시 리더야! 대단해!' 할 수 있는 풍미가 더해진 '모의 트레이닝'이어야 한다. 따라서 리더 본인의 스킬도 녹슬지 않도록 항상 칼을 갈아 놓아야 한다.

제2단계에서는 '모의 트레이닝'의 중요한 포인트를 하나하나, 부하 직원이 **이해할 때까지 끝까지 가르친다.** 부하 직원이 알아듣기 쉽게 해

설도 첨가해야 한다. 그렇지 않으면 부하 직원의 마음에 모의 트레이닝을 하고자 하는 의지가 생겨나지 않는다.

알아듣기 쉬운 설명으로 부하 직원이 '좋은 결과로 이어질 것 같다'며 용기 내어 한 발 앞으로 나아가고, '한 번 해보자'는 마음이 들 수 있게 만드는 일이 중요하다.

제3단계에서는 **실제로 부하 직원이 리더 앞에서 직접 해보게 한다. 리더가 작성한 시나리오대로 한 마디 한 마디 똑같이 이야기할 수 있는 수준이 될 때까지 연기 연습을 시킨다.** 몇 번이고 반복시키며 카메라로 촬영한 영상을 부하 직원이 직접 '객관적인 눈'으로 확인하게 만드는 방법도 좋다.

이때 진검승부인 '모의 트레이닝'이 될 수 있느냐 없느냐는 리더의 '대충대충을 용납하지 않는' 자세에 달려있다. 리허설을 위한 리허설이 되지 않도록 마치 실제 상황처럼 혹독한 트레이닝이 필요하다.

최종 단계에서는 **피드백으로 칭찬해 준다.** 사전에 주제별로 객관적인 '평점', '개선점', '합격 이유' 등을 기재할 수 있는 '모의 트레이닝 시트'를 준비해 두어야 한다.

'공포심'이 부하 직원의 행동에 제동을 건다. 따라서 **칭찬하고, 칭찬하고, 또 칭찬하여 부하 직원에게 자신감과 용기, 희망을 심어주어야 한다. 역시나 끝까지 칭찬해 주지 않으면 인재는 자라나지 못한다.**

이처럼 '모의 트레이닝'에는 의미도, 효과도 있다.

기나긴 미팅은 좋아하면서 실천적인 트레이닝은 다음, 또 다음으로 미루는 안타까운 리더에게 내일은 없다.

42

귀로만 듣지 마라
똑바로 마주보고
'마음'을 기울여라

부하 직원이 주뼛주뼛 리더 자리로 다가와 '저기~ 잠깐 시간 되세요?' 하며 말을 걸어올 때가 있다.

긴급한 보고나 중요한 연락 때문일 수도 있다. 이러지도 저러지도 못하는 상담 때문일 수도 있다. 또 지금 이 자리가 아니어도 되는 질문일 수도 있고, 그저 잡담이 하고 싶어서 말을 걸었을 수도 있다.

어쨌든 아직 아무 이야기도 듣지 않았으니 진의는 분명치 않다.

그런데 때마침 리더가 너무 바쁘다. 폭풍처럼 일이 쏟아지고 있다. 아직 열어보지 못한 메일이나 서류가 산더미처럼 넘쳐나고 있을 수도 있다. 고객이 방문하기 직전 타이밍일 수도 있다. 회의 때 쓸 프레젠테이션 자료 작성 기한이 임박한 상황일 수도 있다. 스트레스 과다로 항상 리더의 초조함은 최고조에 달해 있다.

그런 타이밍에 '부하 직원이 질문을' 한 것이다.

자기도 모르게 살기 어린 딱딱한 얼굴로 '그래서 용건이 뭔데?', '급한 용건이야?', '미안한데 나중에 다시 이야기하면 안 될까?'하며 **그의 용건이 얼마나 중요하고 긴급한지 아무것도 모르는 상태에서 냉담하게 대한 적은 없는가?**

혹은 대답은 상냥하게 했지만 **눈은 컴퓨터를 응시한 채 귀만 부하 직원에게 열어놓은 적은 없는가?**

부하 직원은 얼굴조차 보여주지 않는 리더의 태도에 마음에 상처를 입는다.

자신의 존재에 대한 '낮은 우선순위' 때문이다.

이런 사소한 일로부터 '불신감'이 커지고 부하 직원과의 거리도 점점 멀어지는 법이다.

아무리 바빠도 부하 직원을 냉담하게 대하면 안 된다.

리더가 얼마나 바쁜지 잘 알면서도 말을 걸어온 부하 직원이다. 아무리 중요한 일이 있어도 일단 하던 일을 멈추고 그를 '똑바로 바라보길' 바란다.

바쁜 타이밍일수록 더욱 그와 '똑바로 마주보아야' 한다.

부하 직원의 말에 마음을 기울려보려 하지만, 잠깐만 방심해도 '듣는 자세'가 눈에 띄게 흐트러지고 만다. 대부분 이런 무례하기 짝이 없는 태도를 취해 놓고 부하 직원에게는 '제대로 이야기를 들으라'며 똑바로 마주보는 자세를 강요한다. 정말 가소롭기 짝이 없다.

예절을 중시하며 '똑바로 마주보는 자세'에서 바로 신의 코칭은 시작된다.

43

마음을 닫지 마라
비밀을 '오픈'하라

부하 직원의 마음을 아는 일이야말로 코칭의 본질이다.

이렇게 굳게 믿는 리더는 그들의 '마음을 파악하여' 어떻게든 거리를 좁혀보려고 애를 쓴다. 분명 이는 리더의 최우선 업무이다. 하지만 그 전에 해야 할 더 중요한 '일'을 잊어버리지는 않았는가?

즉 **리더 자신의 '오픈 마인드'**다.

'마음을 닫은 리더'가 범하기 쉬운 실패의 대표적인 예가 거듭되는 시시한 질문으로 부하 직원의 마음을 멀어지게 만드는 것이다. 과연 부하 직원이 '당신과 또 이야기하고 싶어 할까?'

아마도 그들이 당신을 대하는 태도는 점점 더 딱딱해지고, '네? 그래서요?'하며 마음에도 없는 대답만 하리라. 당신을 점점 더 멀게만 느끼리라.

리더인 당신이 어떤 성격인지, 어떻게 살아왔는지, 무슨 일이 계기가 되어 지금의 자리까지 올라올 수 있었는지….

부하 직원이 당신에 대해 얼마나 알고 있을지 여전히 의문스럽다.

꼬치꼬치 속을 떠보는 듯한 질문을 쏟아내기 전에 진짜 당신이 어떤 사람이고 지금까지 무슨 생각을 하며 살아왔는지 등 당신의 모든 것을 부하 직원에게 이야기하기 바란다.

그들과의 거리를 좁히고 싶다면 '제일 먼저' 당신이 마음을 열어야 한다.

최대한 당신의 '비밀을 폭로'하길 바란다.

분명 당신 인생에도 그 나름 '역사'가 있으리라. 여전히 남에게 공개하고 싶지 않은 비밀 또한 있지 않을까?

수많은 '실패담'도 있으리라.

그런 **당신의 '이야기'를 공개**한다.

아무도 모르는 '엉덩이 푸른 점'부터 시작해서 성장 과정, 어렸을 적 에피소드, 사랑하는 가족과의 불화, 좌절감을 맛보았던 미션, 절체절명의 경험, 아직도 포기하지 못한 꿈 등 '툭 터놓고' 임팩트 있는 이야기를 풀어놓길 바란다.

그러면 **부하 직원 마음속에서 '꺼내 놓기 힘든 극비 정보'를 가르쳐준 당신에게 어떻게든 '보답하고 싶다'는 심리가 작용**한다.

이렇듯 자기 자신에 대해 서로 공개하면 좋다. 하물며 당신의 이야깃거리가 절대 '실패하지 않는 재미있는 이야기'라면 분명 단골이 되어 줄 부하 직원이 점점 늘어날 것이다.

당신이 먼저 마음을 열면 서로 이해할 수 있는 '길이 열린다.'

'퇴직'을
두려워하지 마라
적극 대처하여
길을 개척하라

갑자기 '그만 두겠습니다'하며 사직서를 내는 부하 직원이 있다. 리더라면 누구나 한두 번쯤 경험해 본 일이지 않을까?

'설마 자네가' 싶을 정도로 생각지도 못한 심복이 있는가 하면 '역시나' 싶을 정도로 걱정되던 낙오자도 있다. 핵심 전력이었던 우등생이 있는가 하면 그만 둬서 다행이다 싶은 문제아도 있다. 당신의 만류에 퇴직을 단념하는 의리 있는 동지가 있는가 하면 당신의 설득에도 다른 곳으로 이직하는 매몰찬 졸업생도 있다. 그 사이 스트레스 쌓이는 공방이 오간다. 일상적인 업무만으로도 바쁘디 바쁜 리더 입장에서 가장 일어나지 않았으면 싶은 '사건'이다.

회사를 그만두는 동료가 생기면 남아있는 부하 직원들이 동요하고 사기에도 좋지 않은 영향을 미친다. 회사를 그만두는 대부분의 부하 직원은 '얼마나 남의 떡이 더 큰지' 퇴직의 '정당성'을 동료들에게 어필하고 퍼트리기 마련이다. 전력 저하보다 더 큰 마이너스 요소가 있다는 사실을 부정할 수 없다. 또 리더로서의 책임 문제가 불거져 관리 평가 점수가 떨어질 수도 있다.

따라서 **'회사를 그만두는 사람이 절대 생기지 않았으면 좋겠다', 이것이 리더의 본심**이다. 이 마음은 때로 리더의 의사 결정을 잘못된 방향으로 이끌고 만다. 그렇다. **마치 종기라도 만지듯 조심조심 부하 직원을 대하며 하루하루를 보낸다.**

예를 들어 너무 조심하다 보니 부하 직원에게 주의조차 주지 못한다. 그들의 거듭되는 지각, 무단결근도 묵인하고 만다. 그들이 좋아하는 업무만 맡긴다. 그들의 버릇없는 요청도 들어준다. 그들의 능력평가 점수를 후하게 준다. 아직 시기상조인 그들을 승진, 승격시킨다. 이처럼 퇴직 쇼크가 트라우마로 작용하여 물러터진 매니지먼트로 전락하고 만다. 이렇게 되면 팀은 더 이상 통제되지 않는다. 모두 뿔뿔이 흩어져 붕괴 일로를 걷는다. 생산성이 낮은 팀으로 전락하기까지 그리 많은 시간은 필요하지 않으리라.

부하 직원의 퇴직을 두려워하는 리더의 '유약함'이 오히려 **한 번도 퇴직을 고려하지 않았던 제대로 된 부하 직원까지 그만두고 싶게 만든다.** 도리어 퇴직자를 늘리고 있는 셈이다. 차라리 **'그만둬도 상관없다'는 독한 마음으로 엄하게 대할수록 회사를 그만두는 부하 직원의 수는 급감한다.** 이 사실을 직면해야 한다. 부디 부하 직원의 '퇴직'을 두려워하지 마라. 끝까지 진심으로 대처하여 그들에게 '지금의 직장'에서 새로운 길을 개척해 나가는 '광명'을 선사하도록 하자.

45

상하 관계가 되지 마라
'사제 관계'를
구축하라

가령 당신의 엄격한 지도가 화를 불러 부하 직원이 회사를 그만둔다 하더라도 만약 그 지도가 리더의 신념에 바탕을 둔 올바른 지도였다면 '올 것이 왔다'고 생각하고 깨끗하게 받아들여야 한다.

엄격하지만 올바른 지도 끝에 부하 직원이 회사를 그만두었다면 이는 결코 체로 걸러진 '도태'가 아니라 어디까지나 귀중한 경험을 쌓은 후에 하는 '졸업'이기 때문이다.

그렇다.

'사범'인 당신의 '도장'을 졸업하는 것이라고 생각하면 된다. 아무쪼록 리더와 부하 직원의 관계는 스승과 제자와 같은 '사제 관계'이길 바란다.

나 또한 '리더는 도장의 주인'이라는 마음가짐으로 부하 직원을 다음 스테이지로 배출시켜 왔다. **직책이라는 자리를 초월하는 압도적인 힘의 차이가 없다면 진정한 사제 관계는 성립될 수 없다.**

단순한 상하 관계로만 이루어진 유대감은 너무 약하다.

내 도장을 졸업하는 대부분의 부하 직원은 이런 말을 남기고 떠나간다.

'하야카와 마사루 지사장님과 함께 일하면서 정말 많이 배우고 성장할 수 있었습니다. 반드시 다음 업무에도 이 경험을 살려 나가겠습니다. 이렇게 그만두게 되어 아쉽긴 하지만, 이 회사에 입사한 데 후회는 없습니다.'

'후회는 없다.' 이 말을 들을 때마다 구원 받는 느낌이 든다.

'그럼 된 거야하며 말이다.

회사를 떠나는 부하 직원의 마지막 말이 '이런 회사 들어오는 게 아니었다. 속은 느낌이다', '뭐 하나 배운 게 없다. 시간만 낭비했다' 등과 같은 '후회의 말'이라면 최악이다.

'지도력이 부족했다'며 반성할 수도 있고, 경우에 따라서는 원망의 대상이 될 수도 있다.

하지만 **이러한 실패 또한 밑거름 삼아 부하 직원이 거부할까 두려워하지 말고 진심으로 그들을 단련시켜 나가야 한다. 제자와 마찬가지로 스승으로서도 후회가 남지 않도록 말이다.**

인연이 닿아 고락을 함께 해온 부하 직원이다. 마지막 그 순간까지 그들을 내치지 말고 진검승부로 마주해야 한다.

결코 놀고먹으며 허송세월하게 두면 안 된다.

부디 당신도 부하 직원이 '졸업'한 후에도 계속 빛날 수 있도록 지금 철저하게 그들을 단련시켜 주기를 바란다.

46

능력 레벨로
판단하지 마라
먼저 '감정 레벨'로
파악하라

'부하 직원의 감정 수준'은 여섯 단계로 분류할 수 있다.

- S·에너제틱(Energetic) | 열정적인 인격자. 고결하고 신념이 흔들리지 않는 사랑이 넘치는 인물
- A·프로액티브(Proactive) | 적극적인 낙관주의자. 명랑 쾌활하고 사교적이 며 성취 지향적인 행동파
- B·노멀(Normal) | 보수적인 건실파. 변화나 충돌을 싫어하는 형세 관망파
- C·어바웃(About) | 무책임한 소극파. 일도, 인생도 따분해하는 게으름뱅이
- D·젤러시(Jealousy) | 적대적인 에고이스트. 위선자를 연기하는 교활하고 위험인물
- Z·다크(Dark) | 무기력한 낙오자. 자신감 상실 상태의 겁쟁이

부하 직원이 어느 레벨에 해당하는지 분석해 보기를 바란다. 일단 레벨을 올바로 인식하는 일이 꼭 필요하다.

'능력 레벨'과 '감정 레벨'은 완전 차원이 다르다.

예를 들어 학력도 높고, 지식도 풍부하며, 말도 잘하고, 실무 능력도 뛰어난 부하 직원이 있다고 치자. 그 능력을 높이 평가 받아 출세하는 경우도 있으리라.

하지만 아무리 능력이 뛰어나도 감정 레벨이 'B, C'라면 결국 그의 존재는 팀 사기에 악영향을 미치고 실적은 파도가 출렁이듯 불안정해진다. B, C 정도면 그나마 다행인데 그의 감정 레벨이 'D, Z'인 경우 리더의 발목을 잡아끄는 악행에 손을 대기 시작할지도 모른다. 만약 그렇게 된다면 팀은 그 근본부터 부패하기 시작한다.

부디 충고하건데, 애당초 감정 레벨이 높지 않으면 본래 지닌 능력이 발휘될 리가 없다. 따라서 부하 직원의 '능력 레벨'보다 '감정 레벨'을 끌어올리는 데 주력하길 바란다. **고결함을 갈고닦으면 '감정 레벨'이 올라간다. 그렇다. 마음을 여유롭게 만들어주는 자기계발교육으로 도덕적인 의식과 윤리관을 키우는 일을 우선시해야 한다.**

리더 자신도 마찬가지다. 연공 서열로 손에 넣은 '다크 과장', 우연히 계속된 행운 덕분에 출세한 '어바웃 차장', 윗사람의 얼굴색을 살펴가며 충성을 가장해 온 '노멀 부장'…. 가짜 리더가 고립무원 상태에 빠져 결국 몰락해 가는 비극은 손으로 다 헤아릴 수 없을 정도로 많다. 부하 직원에게 '민폐 과장', '눈엣가시 차장', '아첨쟁이 부장'이라고 야유 당하고 경멸당한다.

생각만큼 당신의 감정 레벨은 높지 않다. 부하 직원은 물론 리더 본인의 '감정 레벨'도 높여 나가야 한다.

47

위에서 내려다보지 마라
'EET 스킬'로
인심을 장악하라

'감정 레벨'은 환경 변화나 외적 스트레스에 따라 'S'에서 'Z'사이를 오르락내리락한다. 따라서 맨투맨으로 커뮤니케이션 기술을 지도해야 한다.

지금까지 이러한 커뮤니케이션 기술을 '이모셔널 엘리베이터 테크놀로지(Emotional Elevator Technology=EET)'라 부르며 실천해 왔는데, 다음의 '3단계'를 거듭 반복하면 된다.

- **1단계** | '부하 직원의 감정 레벨'과 똑같은 레벨로 내려가 완전 그 레벨로 변모한다.
- **2단계** | '부하 직원의 감정 레벨'보다 한 단계 높은 레벨로 변모하여 그를 당신 수준까지 끌어올린다.
- **3단계** | 2단계보다 한 단계 더 높은 레벨로 변모하여 부하 직원을 그

수준까지 끌어올린다.

이 '3단계'를 반복하며 부하 직원의 감정 레벨을 '한 단계씩' 높여 나간다. 그리고 최종적으로는 리더와 같은 '감정 레벨 S·에너제틱'까지 끌어올린다. 단계마다 그 감정 레벨을 끝까지 연기한다.

감정 레벨이 다크인 부하 직원이 있으면 리더도 '다크'로 변신하고, 그 다음은 한 단계 위인 '젤러시'로 변신한다. 감정 레벨이 어바웃인 부하 직원이 있으면 리더도 '어바웃'으로 변신하고, 그 다음은 한 단계 위인 '노멀'로 변신한다. 감정 레벨이 노멀인 부하 직원이 있으면 리더도 '노멀'로 변신하고, 그 다음은 한 단계 위인 '프로액티브'로 변신한다.

하지만 '척하는' 정도로는 성공하지 못한다. 부하 직원의 눈높이에 맞추거나 마음에 공감하는 것이 아니라 완전히 부하 직원과 똑같은 레벨로 변신하여 '그 역할'을 끝까지 연기해야 한다.

부하 직원은 6층 빌딩의 1층, 2층, 3층 등 각각의 층에 산다. 리더인 당신은 빌딩 꼭대기 층에 산다. 엘리베이터를 타고 부하 직원들이 사는 각각의 층으로 내려가 한 사람, 한 사람을 한 층씩 위로 끌어올려야 한다.

머릿속에 이런 이미지를 떠올리며 실천해 보길 바란다. 이때 앞서나가지 않는 것이 중요하다. 부하 직원의 말에 흥미와 관심을 기울이며 관찰하고, 리더 자신과 똑같은 감정 레벨까지 제대로 올라왔는지 확인한 후에 다음 단계로 나아가야 한다. 그렇지 않으면 부하 직원은 엘리베이터에서 내려버릴지도 모른다. 아무쪼록 주의 깊은 '통찰력'이 필요하다.

불감증을 간과하지 마라
'싸움을' 걸어
불을 지펴라

해이해질 대로 해이해진 **부하 직원의 가슴에 불을 지필 수 있는 손쉬우면서도 과감한 치료법**이 있다. 예를 들자면 다음과 같다.

부하 직원 | '휴~ 정말 의욕이 안 생기네요(한숨).'

리더 | '나도 마찬가지야. 의욕이 안 생겨. 이제 그만 해산하자. 모두 그만두는 거야.'

부하 직원 | '갑자기 왜 그러세요?'

리더 | '무기력한 인간에게 더는 이 회사에 있을 자격 따위 없어!'

부하 직원 | '잠깐만요. 말이 너무 지나치신 것 아닌가요?'

리더 | '말이 나왔으니 말인데, 자네가 팀에 악영향을 미치는 장본인은 아닌가?'

부하 직원 | '그럴 리가 없잖아요?!'

리더 | '그럼, 도대체 왜 모두 의욕이 없는 거야!'

부하 직원 | '제가 어떻게 알아요? 그걸 생각하는 게 리더의 일 아닌가요?!'

리더 | '어디 건방지게!(의자를 찬다)'

부하 직원 | '저도 나름 열심히 하고 있다고요!'

리더 | '그럼 예전처럼 열심히 한 번 해 봐!'

부하 직원 | '지금 장난하세요?! 이제 그런 수법 안 통해요!'

리더 | '아니 그게 아니라…. 미안하네. 사실 우리 팀이 새 프로젝트를 시작할 것 같은데, 괜찮으면 자네도 그 팀에 참가하면 어떨까.'

부하 직원 | '네? 제가요?'

리더 | '회사 내 자네 평판이 나쁘지 않아. 자네가 뒤에서 얼마나 노력하는지 알 만한 사람은 다 안다고.'

부하 직원 | '아니에요. 아직 멀었어요~(마냥 싫지만은 않은 기색이다).'

리더 | '자네는 우수해. 그러니 자신감을 가져도 좋아! 새 프로젝트에서도 자네 능력을 발휘할 수 있을 거야!'

부하 직원 | '정말 그렇게 생각하세요?'

리더 | '당연하지! 좋아, 이렇게 결정도 났으니 이번 주말에 팀 궐기대회를 열어 보자고! 나 지금 완전 감동 받았어!(울먹인다).'

부하 직원 | '네! 초심으로 돌아가 열심히 해 보겠습니다!'

만화 같지만 '실제 있었던 이야기'를 요약한 것이다. **미지근한 물에 들어앉아 자기 몸이 완전히 익어버려도 모를 듯한 불감증에 걸린 부하 직원에게는 일단 싸움을 걸어 감정을 끓어오르게 한 후 본론으로 들어가자. 리스크는 높지만 그만큼 불이 붙을 확률도 높다.**

관대하게 눈감아
주지 마라
애정으로 '설교'하라

때로 부하 직원은 '애정 어린 설교'를 기다린다.

의외로 유토리 세대인 젊은 부하 직원일수록 혼나고 싶어 한다.

'그런 태도 절대 용납할 수 없어! 그건 그저 어리광일 뿐이야!'

'그런 민폐 행동은 정말 동료를 배신하는 행위야! 이제 그만 정신 좀 차리라고!'

'그런 말과 행동은 근본적으로 틀려먹었어! 그래서는 백 년이 지나도 절대 성공할 수 없을 거야!'

이런 가혹한 설교라도 그 안에 당신의 애정이 담겨 있다면 부하 직원은 눈물을 흘리며 받아들여 주리라. 그들은 마음속 깊이 리더의 **진심 어린 설교를 바라기** 때문이다.

그들도 내심 자신의 행동이 제멋대로라는 사실을 안다. 일종의 '어리광'인 셈이다. 인간은 아무리 나이를 먹어도 어린아이일 뿐이다. 주체하지 못할 정도로 외로울 때도 있다. 그저 리더가 자신에게 마음을 써주기를 바라는 것뿐이다.

리더로서의 **도량과 기량이 '시험 당하고 있다'**고도 표현할 수 있다.

요즘 같은 세상에 제대로 설교해 주는 리더는 좀처럼 없다. **그에 상응하는 정열과 에너지 없이는 불가능한 일**이기 때문이다. 솔직히 대부분은 귀찮아한다.

리더의 초조함을 푸는 '배출구'로써의 설교나 리더의 '자기만족'에 빠진 설교는 당연히 멀리한다. 괜한 트집을 잡힌 부하 직원에게는 참을 수 없을 노릇이다.

어디까지나 '부하 직원을 위하는 마음'이 전제되어야 한다. 그리고 그들의 행동이 **'어느 경계선'을 넘었을 때만 당신의 설교 파워가 등장해야 한다.** 이것만큼은 절대 용납할 수 없다, 저것만큼은 절대 간과할 수 없다 같은 한계선이다. 때때로 인간이 범하는 윤리적으로 해서는 안 되는 행위, 동료에게 피해를 주는 행위, 그대로 두면 분명 추락할 수밖에 없는 지저분한 행위 등이다.

이런 도발적인 행위를 관대하게 눈감아 주거나 일부러 보고도 못 본 척하거나 포기하거나 방치하지 말고 당당하게 맞서길 바란다.

리더가 먼저 성심 성의껏 '투쟁하는 자세'를 보였을 때 비로소 통행금지 상태였던 부하 직원의 마음에 당신의 '애정이 통과'할 수 있게 된다.

한 발 더 나아가 설득력이 있고, 마음속 깊이 수긍할 수 있는 일생일대의 멋진 설교라면 더할 나위 없다. 이럴 때 비로소 '지는 해를 향해 돌진하고 싶어질' 정도의 감동도 생겨나는 법이다.

50

달성을 의심하지 마라
철두철미하게 '끝까지 믿어라'

마음속 깊이 부하 직원이 활약하고, 성장하고, 출세하기를 바라는 총명한 리더가 있다. 이를 실현하기 위해 시행착오를 거듭하며 악전고투하는 모습을 보면 눈물이 날 정도다. 그런데도 부하 직원이 자라나지 못하고, 팀 발전도 마음먹은 대로 되지 않는다. 이런 리더의 고민은 심각하다. 이유가 뭘까? 도대체 무엇이 부족한 것일까?

딱 잘라 결론부터 이야기하겠다.

그 이유는 **리더가 '부하 직원을 끝까지 신뢰하지 않기'** 때문이다.

오해하지 말기를 바란다.

당신이 부하 직원을 믿지 못한다는 말이 아니다. 당신의 마음속 깊은 곳에 있는 심층 심리를 들여다보기 바란다. 그리고 굳이 묻고자 한다. 당신은 정말 '부하 직원의 가능성을 100퍼센트 믿는가?'

예를 들어 부하 직원에게 주어진 이번 달 높은 목표를 100퍼센트

달성할 수 있다고 믿느냐는 말이다. **마음속 어딘가에서 '어쩌면 달성하지 못할지도 몰라'하며 그들의 목표 달성을 의심하면서 지도하지는 않았는가?** '자네라면 할 수 있어'하며 격려하면서도 그 말 뒤편에 숨은 '거짓'을 느끼거나 어딘가에 가능성을 믿지 못하는 마음은 없었는가?

분명 당신은 부하 직원에게 기대를 걸고 응원도 하리라. 하지만 속으로는 '어차피 안 될 거야'하며 포기하고 있는 것이 분명하다. **당신 눈 앞에 있는 부하 직원의 모습은 당신의 생각이 그대로 현실로 나타난 것에 불과하기** 때문이다.

부하 직원을 믿지 못하는 리더에게는 포기가 빠르다는 특징이 있다. 그렇기에 **모든 지도가 어중간해지고 만다. 이 방법, 저 방법 다 동원하여 끝까지 포기하지 않고 지도하지 못한다.**

하지만 리더가 부하 직원을 믿고 포기하지 않는다면 그들도 자기 자신을 믿고 포기하지 않는다. 좀더 이야기하자면, **포기할 수 없다기보다 '배신할 수 없다'는 마음에 휩싸인다.** '여기서 되돌아갈 수는 없다'는 강한 의지다.

그도 그렇다. 진심으로 자신을 믿어주는 **리더를 실망시키고 싶지 않고, 기쁘게 해주고 싶고, 신뢰에 부응하고 싶은 마음이 들기** 때문이다.

'꼭 해낼 수 있을 거야'하며 진심으로 부하 직원을 포기하지 않는 리더가 있다. 단지 그것 하나만으로도 얼마나 마음 든든한지 모른다.

일단은 그저 '할 수 있다'고 마지막 그 순간까지 믿어주길 바란다. 부하 직원의 잠재력을 가능성을 믿어주길 바란다. 그리고 그렇게 '믿을 수 있는 힘'을 믿어주길 바란다.

3장

Spirits
신神정신

웃어라, 세상이 너와 함께 웃을 것이다.
울어라, 너 혼자만 울 것이다.
엘라 휠러 윌콕스(Ella Wheeler Wilcox)

'승패는 중요하지 않다'고 이야기하고 싶어 하는 사람은 대부분 패배자다.
마르티나 나브라틸로바(Martina Navrátilová)

자기 한 목숨 때문에 무얼 그리 끙끙대는가.
손정의(孫正義)

51

명함에 있는 '직함'에 매달리지 마라
매력적인 인간력으로 승부하라

리더들은 30대, 40대 정도 되면 같은 기수라도 직위에 차이가 생긴다. 명백히 우수하지 않은 사원이 먼저 출세하는 일 따위 예사로 발생한다. 실적이나 능력이 출세 경쟁에 반드시 반영된다고도 할 수 없다. 여기에는 운, 불운이 따라다닌다. 샐러리맨 리더의 숙명이다.

따라서 **출세가 좀 늦어졌다고 해서 우울해 한다면 난센스다. 고작 '직함의 세계'일 뿐이라고 생각하면 된다.** 애당초 명함 속 직함 따위 회사에 따라 그 무게가 다르다. 부장보다 지사장이 더 높은 회사가 있는가 하면 지사장보다 과장이 더 높은 회사도 있다. 가령 은행 같은 경우 지점장 대리라고 해서 넘버투 정도의 직위인가 했더니 지점 내 몇 명이나 되는 과장보다 지위가 낮다고 한다.

입사 2년차에 바로 과장이 될 수 있는 실력주의 회사가 있는가 하면 20년이 지나도 과장조차 되지 못하는 대기업도 있다. 따라서 명함상 직함 따위 신경 쓴다 해도 아무 의미 없다.

예전에 제일선에서 물러난 전 상사(임원)가 과거 부하 직원들이 대거 모이는 OB 모임에 온 적이 있다. 누가 초대했는지 모르겠지만, 아무런 직함도 없는 그에게는 아무도 가까이 다가가려 하지 않았다. 어깨를 축 늘어뜨리고 맥주를 자작하던 그 뒷모습이 너무 쓸쓸해 보였다.

'흠, 예전에는 그렇게 굽실대더니. 아~구 타산적인 녀석들뿐이군.' 이렇게 중얼거리던 전 임원을 보며 아직까지도 명함 속 직함에 매달려 사는구나 하는 생각에 가엾게 느껴졌던 기억이 지금도 머리에서 떠나질 않는다.

이렇듯 **자신에게 주어진 지위나 명색뿐인 직함을 무기 삼아 잘난 척하던 샐러리맨 리더는 명함 속 직함이 사라지면 끝이다. 아무도 상대해 주지 않는다.** 직함이 사라지고 나서도 전 부하 직원들이 존경하는 마음으로 계속 연락하고 지내고 싶은 리더인가 아닌가? '샐러리맨 리더의 가치'가 시험대에 오르는 순간이다. 눈에 보이지 않는 '훈장'을 수여 받는 순간이기도 하다.

용퇴 후 명함상 상하 관계가 없어진 후에도 진정 실력 있는 리더에게는 인망이 쌓이고 알찬 인생이 기다린다. 옛 '전우'들로부터 연락이 끊이질 않아 마음과 마음으로 나누는 교류가 평생 동안 이어진다.

직함보다 **'매력적인 인간력'을 중요하게 여겨야 한다.** 이를 위해서는 **젊은 리더 시절부터 압도적인 자신감과 흔들리지 않는 고결함**(Integrity)**을 갈고 닦는 수밖에 없다.**

진정한 리더에게는 명색뿐인 '직함'따위 필요 없다.

52

상사에게 꼬리 치지 마라
계속해서
'물고 늘어져라'

인기 없는 리더의 유형별 워스트 랭킹을 조사한다면 아마도 단연 1위는 '윗사람에게 아부하는 상사'가 아닐까?

'아랫사람에게는 엄격하고 윗사람에게는 엄청 알랑거리는' 리더를 뜻한다.

항상 팀 멤버에게는 오만한 태도로 잘난 척 명령만 내린다.

반면 상사에게는 180도 태도를 바꿔 손을 싹싹 비비고 간살스러운 웃음을 뿌려가며 '그렇죠~', '네, 네', '지당하신 말씀이십니다' 등과 같이 절대 거스르지 않는 자세로 한결같은 복종을 약속한다.

상사의 지시를 정확하고 신속하게 수행하는 궁극의 예스맨은 분명 조직을 통치해 나가는 데 없어서도 안 되고 신뢰할 만한 존재다.

하지만 리더의 **너무나도 노골적인 '아첨', '간살', '아니꼬운 겉치레의 대행진'**을 목격한다면 팀 멤버들의 의욕은 떨어지고 만다.

상사에게 꼬리 치는 모습은 그저 꼴사나울 뿐이다. 그 모습에서는 조직이나 팀을 위해서가 아닌 자기 자신이나 평가를 위한 욕심만이 엿보일 뿐이다. 자신의 실력 이상으로 '예쁨 받으려는' 행동이다. 자신의 모습이 어떻게 보일지 따위 신경 쓰지 않고 '자기 보신'으로 내달리는 그 모습은 그저 딱할 뿐이다.

항상 '위'만 바라보기 때문에 '밑'에 있는 사람들이 자신을 어떻게 바라보는지 따위 전혀 신경 쓰이지 않는 것이리라. 모든 기준은 '상사가 좋아하느냐 아니냐'다. 이를 위해서라면 밤샘도 하고, 모셔다 드리고 모셔 오는 운전수 역할도 한다. 여차하면 상사 대신 무릎을 꿇는 일도 불사한다. 그 에너지는 참 대단하다.

물론 예의, 예절을 지켜가며 윗사람에게 헌신하는 일은 나쁘지 않다. 각자가 처한 입장도 다르다. 이에 대한 존중을 바탕으로 한 관계도 필요하다.

하지만 앞으로는 팀 멤버가 혐오감을 느끼지 않을 수 있도록 당당하게 행동하기를 바란다.

그리고 **부하 직원을 바라보고 그들을 위해 일해주기를 바란다. 이는 조직과 상사를 위한 길이자 궁극적으로는 당신 자신을 위한 길이기도 하다.**

때로는 의연한 태도로 상사에게 반대 의견도 낼 수 있을 정도가 딱 좋다. **여차하면 부하 직원을 위해 상사를 물고 늘어지는 한이 있더라도 투쟁하는 자세를 보여주기를 바란다.**

자기 보신으로 내달리지 않는 멋진 리더일 때 비로소 부하 직원들이 '평생 따라가고 싶어 하고' 인망이 쌓여간다.

53

논리로 결단을 내리지 마라 '직관'을 믿어라

리더라는 자리는 작은 결정부터 중대한 의사 결정에 이르기까지 그야말로 하루하루 선택의 연속이다. 때로는 천국과 지옥 중 하나를 골라야 하는 낭떠러지 절벽에 내몰릴 때도 있다. 이러한 절체절명의 순간 항상, 척척 올바르게 조종할 수 있다면 소중한 멤버를 태운 배가 가라앉을 일도 없으리라. 앞날이 평안하고 무사하다.

그렇다면 도대체 어떻게 결단을 내리면 좋을까? 의외로 대답은 간단하다. 순간의 '직관'을 따르면 된다. 하지만 논리가 아니라 '직관'으로 결단을 내리라고 해서 착각하지 말기를 바란다.

여기서 말하는 '직관'은 결코 '감'으로만 판단하는 직감이 아니다. **'직관(直觀)'의 '관', 즉 '본다'는 진실에서 눈을 돌리지 않고 직시하고 직면**하는 것을 의미한다. 사실 속에 숨어 있는 진정한 사실만을 있는 그대로 당신의 '마음의 눈'으로 관찰하기를 바란다.

이렇듯 근거 있는 '직관'으로 선택한 길이라면 틀림없다. 하지만 한심한 정당화로 사실을 왜곡하기 때문에 결국 잘못된 판단을 내리고 만다. '다른 사람도 다 하니까', '부하 직원에게 미움 받고 싶지 않으니까', '상사한테 혼나니까'…. 이처럼 주체성 없는 판단은 팀은 물론 당신 자신에게도 아무런 도움이 안 된다.

'직관'이 뛰어나지 못한 이유는 '당신이 가짜'기 때문이다.

'가짜인 당신'이란 주위 환경이나 사리분별 없는 사람들에게 악영향을 받아 우왕좌왕하는 당신을 의미한다.

나는 이 **'가짜인 당신'을 '어나더(Another)'라고 부른다.** '어나더, 즉 또 다른 자신'의 그늘에 숨은 당신은 팀 내에 숨어있는 진실도, 부하 직원과의 신뢰 관계의 본질도 보지 않는다. 덕분에 '직관'이 무뎌지고, 배신을 당하고, 함정에 빠지고, 조종을 당하는 등 다양한 원한에 휘둘리는 처지가 된다. 그 결과 '이런 걸 바란 게 아닌데'하며 점점 더 '자기 자신'을 잃어가고 섣부른 판단에 치우치게 된다.

이제부터는 **이미 정답을 알고 있는 '진짜 당신'에게 물어보아야** 한다. 바른 자세로, 어깨의 힘을 빼고, 정직하게, 있는 그대로의 당신답게 결단하기를 바란다.

고결함이 넘치는 삶으로 **'자존심'을 되찾을 수 있다면 진실이 보인다.** 그렇다. 흥미로울 정도로 '직관력'이 맑아지고, 이는 당신을 행복한 리더 인생으로 이끌어 주리라.

진정한 리더라면 한시라도 빨리 어나더를 좇아내고 '올바른 판단력'을 되찾아야 한다.

54

명령하지 마라 '세뇌'하라

주위 사람들이 성공한 팀이나 리더를 보고 공통적으로 늘어놓는 반쯤 시샘 섞인 험담이 있다.

'저 사람들 무슨 종교 집단 같아' 하는 팀을 향한 빈정거림과 '저 사람 무슨 교주 같지 않아?!' 하는 리더를 향한 비아냥거림 같은 '말 공격'이다.

리더가 높은 이상을 내걸고 이를 실현하기 위해 강한 신념으로 팀을 한 방향으로 이끌어 나가다 보면 **좋은 의미에서 종교적 색채를 띤 '이념'이 되어 멤버들에게 맥맥이 스며들어 간다.**

여기서 말하는 '이념'이란 흔히 사무실 벽에 장식품처럼 걸어놓기만 하는 '기업 이념'이 아니다.

그런 기업 이념은 마치 구두선(口頭禪, 실행이 뒤따르지 않는 실속 없는 헛된 말-역주) 같아서 아무리 조례 중에 외쳐대도 부하 직원 대부분의 눈은 죽어 있다.

이념 경영이 팀에 좋은 성과를 가져다준다는 말은 이미 상식이 되어 버렸다.

하지만 '이익 추구형' 사람들은 머리로는 그 이치를 이해하면서도 좀처럼 받아들이지 못하는 듯하다. '돈보다 신념'으로 결속된 팀이라니 그들은 당최 믿을 수가 없다.

분명 이익을 창출하지 못하는 비즈니스는 어차피 자원 봉사에 불과할지도 모른다.

하지만 비즈니스에도 '자원봉사정신'은 필요하지 않을까?

'이 세상에 도움이 되고', '사회에 이바지한다' 등과 같은 '사명감' 없이는 부하 직원에게 진정한 의미에서 동기를 부여할 수 없다. 리더는 부하 직원들에게 고결함에 바탕을 둔 '소셜 모티베이션'을 세뇌시켜야 한다.

아무리 인센티브나 인사로 유혹하고 혹독한 벌칙으로 협박해도 일시적인 효과밖에 기대할 수 없다.

또 '위에서 하라면 하는 거다', '정해진 목표 달성은 의무다' 등과 같이 대의도 없이 멤버들을 달리게 한다면 그들의 마음속은 피폐해져갈 뿐이다.

올바른 방향으로 **팀을 결속시켜 나가려면 '무엇을 위해', '누구를 위해' 등과 같이 의미 있는 '이념을 정착시켜'** 나가는 수밖에 없다.

리더는 부하 직원의 '멘토'가 되어 그 '가르침'을 철저하게 세뇌시켜야 한다.

리더가 부하 직원에게 '멘토'라고 불릴 때 그 신뢰 관계는 흔들림 없는 유대감이 되어 팀을 움직여 나가기 시작한다.

●'후방 대기'는 그만
선두에 서서 힘차게
달려라

팀으로 싸우는 비즈니스 세계도 어떤 의미에서 보면 전쟁터다. 자, 그렇다면 현대의 비즈니스 전사들을 통솔하는 지휘관=리더는 최전선에서 '싸우고 있을까?' 아무래도 임시방편적이고 교활한 박지약행(薄志弱行, 의지가 약하고 실행력이 없다-역주)형 리더가 많은 듯하다.

프로젝트 실패의 책임을 부하 직원에게 전가하여 일방적으로 좌천, 강등시키는 후방 대기형 리더다. 부하 직원을 팀 실적 침체의 전범(戰犯)으로 몰아 질책하고 협박하여 결국 그만두게 만드는 봉건주의적 리더다. 눈앞의 결과와 자기 평가를 위해 한결같이 터무니없는 명령만 내려대는 무지하고 대책 없는 리더다.

거 참, 화가 난다. **후방에서 대기하며 책상다리나 하고 앉아 호령만 내리는 일은 누구나 할 수 있는 일이 아니던가!** 결국 '패전'의 책임은 현장에서 고군분투한 비즈니스 전사들이 떠안게 된다. 하지만 실제로 그런 비겁

한 리더를 따르는 부하 직원은 없다. 후방 대기형 리더는 확실히 팀을 붕괴시킨다. 리더가 안전지대에 숨어 있으니 진정한 매니지먼트 따위 가능할 리가 없다.

리더로서 팀을 '승리'로 이끌고 싶다면 하루 빨리 안전지대에서 빠져나와 항상 팀의 선두에서 힘차게 달려 나가야 한다. 다행히도 직장에서는 목숨을 잃을 염려는 없다. 가령 트러블이 발생하면 리더가 전면에 서서 대처하고, 부하 직원의 실패는 최대한 커버해 주고, 리더 본인의 실패는 솔직히 인정하고, 팀이 침체된 책임은 리더 스스로가 진다. 이처럼 모든 일에 리스크를 감수하고 선두에 나서야 한다.

진정 용감한 리더라면 최전선에서 총탄을 맞아 벌집이 되어주길 바란다. 그래도 쓰러지지 않고 끝까지 팀 멤버들을 지켜내야 한다. 부하 직원은 그런 리더를 따르는 법이다.

나는 지금까지 신상품이 발매되면 영업 사원이 아닌 지사장직에 있을 때에도 제일 먼저 그 상품을 공부하여 모범을 보이고, 누구보다 빨리 판매 실적을 올렸다.

간부회의에서 우수한 영업 사원을 길거리 스카우트하자는 결정이 났을 때도 제일 먼저 뛰쳐나가 지나가는 비즈니스맨들에게 끊임없이 말을 걸어 가장 많은 명함을 모을 수 있었다.

대청소를 할 때도 조직 내 최고 자리에 있는 내가 직접 걸레를 들고 호령해 가며 적극적으로 참여했다. **리더는 항상 솔선수범하여 최전선에 서야 한다.** 선두에 서는 리더십이 조직에 용기와 활력을 불어넣는다. 이는 아무리 시대가 바뀌어도 절대 변하지 않는 진실이다.

56

동정을 구걸하지 마라
'뼈를 묻을 각오'로
결정하라

실적이 부진한 팀을 떠안게 되었다며, 그 불운을 한탄하고 자학하는 리더가 적지 않다. '불쌍한 나를 누가 좀 동정해 주었으면 좋겠다' 하면서 말이다.

뭐, 동정은 한다. 하지만 어디까지나 그 상황이 아닌 한심하고도 구제 받을 길 없는 마인드를 동정한다.

팀 멤버에게 책임을 전가하면서 생기는 리더의 '고뇌'는 쉽사리 해결되지 않는다. 하물며 이러한 고뇌는 현재 문제를 더 심각하게 만들기까지 한다.

가령 이 리더가 다른 우수한 팀을 맡게 되었다고 치자. 하지만 그 팀의 생산성은 틀림없이 떨어지리라.

새로운 다른 문제로 고민에 휩싸일 것이 뻔하기 때문이다.

그런데 이번에는 팀 멤버를 탓하지 않고 자기 '능력이 부족해서'라며 언뜻 보기에 깨끗하게 인정하는 듯한 발언을 하는 리더도 있다. 하지만 이렇듯 **태도를 완전히 바꾸어 자기 자신을 거듭 기만하는 행동 또한 어리석다. 스스로 변화하려는 노력은 하지 않고 그냥 포기해 버리는 교활한 삶의 방식**이다.

팀 리더로서 이렇게 무책임하게 행동해도 괜찮을까?

만약 지금 당신이 미로를 헤매고 있다면 이는 곤란한 상황에서 도망치고 있을 뿐이라는 사실을 자각하기를 바란다.

문제의 본질과 직면하지 않은 채 인사이동을 바라며 직접 상소하고, 이리저리 직장을 옮겨 다닌다 해도 당신의 입맛에 딱 맞는 '장소' 따위 찾을 수 없다.

하루라도 빨리 **지금 있는 그 자리에서 끝까지 싸워 나갈 각오를 다지기를 바란다.**

문제는 불행한 환경도, 리더 당신의 재능도 아닌 팀 리더로서의 '대처 방법'에 있다. '지금, 눈앞'에 있는 진실과 직면하고 변혁을 향해 매진해 나가야 한다.

'도망치고 싶은' 당신의 마음은 충분히 잘 안다. 눈앞의 문제와 제대로 마주하려면 적지 않은 끈기가 필요하리라.

하지만 **결코 다른 팀 떡이 더 크지는 않다.**

그곳에 '뼈를 묻을 각오'를 하는 것이야말로 당신의 리더 인생을 풍요롭게 만들어 준다.

지금까지 당신이 파보려고도 하지 않았던, 아직 아무도 손대지 않은 바로 그곳에서 반짝반짝 빛나는 다이아몬드 원석을 캐낼 수 있다는 믿음으로 열심히 도전해 보지 않겠는가?

57

출세를 포기하지 마라
'상승 지향'을
전파하라

요즘 야심이나 출세욕이 없는 소극적인 리더가 늘고 있다. 그들은 상승 지향(上昇志向, 향상심이나 헝그리 정신으로 더 높은 차원을 목표로 삼으려는 마음가짐-역주)을 억누르며 '적당한 포지션'에 만족한다고 이야기한다.

하지만 정말 그것으로 괜찮은 걸까? 언제까지고 '적당한 포지션'에 만족하고 산다면 속은 편할지도 모르겠다. 하지만 당신의 레벨은 오르지 못하고 있다!

이제 슬슬 인간의 본성인 이글이글한 '야심'에 등을 돌린 결과 당신의 성장이 멈추어 버렸다는 사실을 깨닫기를 바란다.

출세를 포기하지 않는 '상승 지향' 속에서 부대낄 때 비로소 자기 성장의 기회가 찾아오기 때문이다.

목표를 향해 액셀을 밟으면서도 한편으로는 '나를 배신하는 행위'

라며 브레이크를 걸고 있지는 않은가? 마음속에서 야심이라는 이름의 엔진이 비명을 지르고 있지는 않은가?

지금 당장 **'더 출세하려는'** 행위에 브레이크를 거는 **'위선자'를 운전석에서 끌어내야 한다.** '자기기만'이라는 모순과 갈등에서 당신을 해방시켜 주기를 바란다.

당연한 이야기겠지만 욕심이 없는, 아니 '다른 사람에게 욕심이 없는 것처럼 보이고 싶은' 리더의 실적은 계속 침체된다. 그러면서 조신하게 자기 분수에 맞는 숙명을 짊어지고 열심히 살아가는 자기 모습에 취해 있다.

리더로서의 인생에 결코 출세가 전부는 아니다. 하지만 역시나 **'타협하고 포기하는 인생'은 불행하다.**

하물며 출세를 포기한 리더가 팀 멤버에게 '상승 지향'을 전파할 수 있을 리가 없다.

팀의 성공은 리더가 '야심과 솔직하게 마주하는' 토대 위에서 생겨난다. 토대가 없는 성공은 허구다.

출세를 포기한 당신이 만든 '자기 위안의 세계'일 뿐이다.

이글대는 야심과 마주볼 수 있는 정신 상태로 바뀔 수만 있다면 돈을 벌고 경쟁에서 이기는 등 모든 일에 거리낌이 없어진다. 자기만 득을 보는 일이 생겨도 '당연한 보상'이라며 당당할 수 있다.

자신만만하게 성공한 리더는 모두 그렇다.

따라서 부하 직원들 앞에서도 거리낌이 없다. **당당하게 '야심을 드러낸 태도'로 팀을 이끌어 나갈 수 있다.**

58

'인맥'을 가슴에 품지 마라
부하 직원에게 오픈하고 퇴로를 차단하라

생명보험업계의 경우 보통 회사와는 달리 영업관리직도 성과급제가 일반적이다. 영업 사원도 하이 리턴의 성과급제다. 그러다 보니 영업 사원 시절에 돈 좀 벌었던 매니저나 지사장 등이 다시 한번 그 시절로 돌아가고 싶다며 자진해서 강등을 원하는 경우도 드물지 않다.

물론 포지션을 적재적소, 단순한 역할 분담이라고 생각한다면 그 시시비비를 따질 생각은 없다. '한 사람의 플레이어로서 다시 시작해 보고 싶다'는 결단 또한 훌륭하다. 하지만 단단히 마음먹고 리더 자리에 도전했던 만큼 그 길에서 성공하고 싶었으리라. 그 자리에서 내려올 수밖에 없는 상황이 부끄럽기도 하리라.

이렇게 재출발해 보는 그들이지만 사실 앞으로 **나아가도 지옥, 되돌아가도 지옥**이다. 이미 졸업한 스테이지에서 초심으로 돌아가 높은 성과를 올릴 수 있는 사람은 극히 드문 '천재'와 좋은 의미에서의 '괴짜'

밖에 없다. 대부분은 프라이드를 버리지 못해 모티베이션을 계속 유지하지 못하고, 시대에 뒤처지고, 우습게 보고 덤벼들었다 망하고 만다. 결국 과거의 성공은 재현되지 못한 채 덧없이 사라지고 만다.

그렇다면 이러한 생지옥에서 해방될 수 있는 길이 있을까? 그렇다. 한 길만 보고 가면 된다.

리더로 승진하여 힘차게 그 길을 나아가기 시작해도 **'만약의 경우 온 길을 되돌아가면 되지 뭐'하며 '도망갈 구멍'을 마련해 놓는다면 아무래도 해이해지고 만다.** 크나큰 벽에 부딪히면 다시 돌아가고 싶은 것이 인지상정이다. 이러한 해이함에 지지 않으려면 '도망갈 구멍'을 마련해 놓은 자기 본심을 솔직하게 인정하고 '유턴을 금지'시킬 수밖에 없다. 그렇다. 절대 물러서지 않겠다는 불퇴전(不退轉)의 결의다. 완벽하게 '배수의 진'을 쳐야 한다. **애초에 결심이 어중간하니 도망치고 싶어지는 것이다. 퇴로를 차단해 놓으면 앞으로, 앞으로 나아갈 수밖에 없지** 않은가!

예를 들어 리더가 생명보험업계에서 쌓아온 인맥은 풍부하리라. 영업 사원 시절 고객만 해도 수백 명은 넘지 않을까? 배수의 진을 칠 생각이라면 그 '마켓'을 부하 직원에게 오픈하고 그들이 활발히 교류할 수 있게 해주어야 한다. 언젠가 다시 돌아가고 싶어질 '그때'를 위해 **언제까지고 '당신 혼자서만' 품고 있기에는 너무 아깝다.** 가까운 고객일수록 우선적으로 넘기는 편이 영업적인 측면에서 여러모로 유리하다. 또 보전 대응 업무에 쫓기지 않고 **본래의 매니지먼트 업무에 전념할 수 있고, 무엇보다 '퇴로를 차단'할 수 있다.** 나는 리더 자리에 오르자마자 내 모든 인맥을 부하 직원에게 공개했다. 그 결과 지금의 내가 있다.

59

'상상'을 멈추지 마라
현실감 있는
목표를 세워라

두말할 필요도 없이 위기관리는 중요하다. 하지만 그 '사고의 운용'을 잘못하면 부정적인 이미지의 감옥에서 빠져나오지 못하게 된다.

대부분의 리더가 마음속 스크린에 '이상적인 팀의 모습'을 그리는 데 서툴다. 안 좋은 상상을 떠올리고 마는 버릇에서 좀처럼 빠져나오지 못한다.

한편 성공하는 리더의 '상상력'은 정말 어마어마하다.

항상 '이상적인 팀의 모습'에 온 생각을 집중하는 그들은 이를 위해 무엇을 해야 하는지 알고 있다.

모든 생활이 그 실현을 위해 이루어진다.

잠시 잠깐도 '이상적인 팀의 모습'이 머릿속에서 떠나질 않는다.

옷을 갈아입을 때도, 양치질을 할 때도, 목욕을 할 때도, 출퇴근 전차나 자동차 안에서도, 동료와 시시껄렁한 농담을 주고받을 때조차도

'이상적인 팀의 모습'이 불현듯 머리를 스치고 지나간다.

자나 깨나 머릿속은 '이상적인 팀의 모습'으로 가득하다. 밥을 먹을 때도 '이상적인 팀의 모습'을 반찬 삼아 밥 세 공기 정도는 뚝딱 할 수 있을 정도다.

무엇보다 **'이상적인 팀의 모습'을 상상하면 할수록 가슴속 두근거림이 끊임없이 넘쳐흘러 항상 기분이 들떠있다.**

이 정도로 온종일 머릿속으로 상상하는데 어떻게 실현되지 않을 수 있겠는가!

그러니 부디 당신이 이루고 싶은 '목표'를 뚜렷하게 머릿속에 떠올리자. 365일, 24시간 내내 머릿속에 이 목표가 넘쳐흐르게 만들어야 한다.

'이상적인 팀의 모습'이라는 목표를 머릿속에 선명하게 그릴 수 있다면 그곳에서의 **'성공 체험'은 현실 세계에서도 내비게이터로써 큰 도움을 준다.**

상상 속에서 예행 연습한 '결과'를 현실 세계에서 또 한 번 달성하니 성취감을 두 번 맛보는 셈이다.

이렇게 되면 처음 머릿속에 그린 성취감이 얼마나 현실적이냐가 성공의 관건이 된다.

가상 세계를 현실 세계로 실현하는 **'VR(가상 현실) 존'에 몸에 맡기고 상상하고 또 상상해야 한다.**

내가 아는 성공한 리더들은 모두 간절한 소망에 휩싸인, 강한 집념의 소유자들뿐이다.

60

불운에 낙담하지 마라
'바람의 흐름'을
내 편으로 만들어라

팀 실적에는 상황의 흐름이라는 것이 항상 따라다니기 마련이다. 따라서 어느 정도의 호조, 난조는 어쩔 수 없다고 보지만, 누구나 가장 좋은 상황을 최대한 길게 유지하고 싶으리라.

그도 그렇다. 안 좋은 상황이 지속되면 풀이 죽는다. '아~ 요즘 운이 없어' 하는 당신의 투덜거림이 들려오는 것만 같다.

우수한 리더는 어떻게 하면 안정적으로 호조세를 이어갈 수 있을지를 안다. 그렇다. **바람을 읽고, 운세를 자기편으로 만들 수 있는 실력이 뛰어나다.** 현재 업무량의 배분이나 부하 직원의 역량을 파악하여 한 부하 직원의 마이너스를 다른 부하 직원에게서 만회한다. 마치 '마법'과도 같은 판단력과 지휘로 확실히 업무를 회전시켜 나간다.

네 명이서 겨루는 마작이라는 게임을 예로 들면 이해하기 쉽다. 네 사람이 동서남북에 위치한 자리에 앉아 동에서 북으로, 선이 두 번 돌아갈 때까지 점수 쟁탈전을 벌인다. **그야말로 '바람의 흐름'을 자기편으로 만드는 일이 승부의 갈림길**이라 할 수 있는데, 상대방 또한 쉽사리 져주지 않는다. 참고로 나는 대학교 4학년 때 '더블야쿠만'이라는 역전만루 끝내기 홈런과 비슷할 정도로 보기 드문 '기적의 한수'로 몇 번이나 프로 마작사에게 승리한 적이 있다.

정말 매니지먼트와 마작 게임은 비슷하다. 몇 번이고 중요한 선택의 순간에 몰리고, 그 즉시 결단해야만 한다. 그 결과 성공도 하고 때로는 실패도 한다. 하지만 일일이 일희일비하다가는 몸이 버텨나질 못한다. 따라서 **냉정하게 결과를 받아들이고 항상 '평상심'을 유지할 수 있는 '강인한 정신력'의 소유자가 승리**한다.

패배하는 사람은 자기 예상대로 판이 안 돌아가면 욱하고 화를 내며 평상심을 잃고 만다. 또 '오늘은 운이 없네' 하고 끙끙 앓으며 슬퍼하고, 한탄하고, 침울해한다. 지는 횟수가 많아질수록 점점 더 의기소침해져 '바람의 흐름'에서 완전히 멀어지고 만다.

한편 모든 국면에서 '못 먹어도 고' 하는 사려심 부족한 사람도 승리하지 못한다. 평상심을 유지하며 참고 또 참다가 이때다 싶은 타이밍에 기어를 올릴 수 있는 사람만이 승리한다.

평상심을 유지하며 게임을 즐길 수만 있다면 '승패를 판가름할 기회'를 확실히 파악할 수 있다. 그리고 흐름을 타기 시작한 바로 그 순간 일제히 공격을 퍼부으면 된다.

당신도 부디 '바람의 흐름'을 조종할 수 있는 냉정하고 침착한 리더가 되길 바란다.

61

사랑받으려 하지 마라
사랑을 '고백'하라

매니지먼트는 인생 모든 인간관계의 축소판이다. 가족의 유대감, 우정, 연애처럼 비즈니스 세계에서의 리더와 부하 직원의 관계 또한 동일한 법칙 하에 성립한다.

그렇다.

사랑하면 사랑받고 미워하면 미움 받는다.

이는 인간의 섭리다.

'사랑받고 싶다, 더 많이 사랑받고 싶다.' 이렇듯 항상 사랑을 갈구하기만 하는 사람은 결국 그 누구한테도 사랑받지 못한다.

마찬가지로 '부하 직원이 나를 좀 돌아봐 주었으면 좋겠다', '말 좀 들어 주었으면 좋겠다', '내편이 되어 주었으면 좋겠다' 하고 부하 직원의 충성심에 기대를 걸어 보아도 그들은 결코 리더의 마음대로 움직여 주지 않는다.

만약 당신이 그들을 마법에 걸어버린 듯 자유자재로 조종하고 싶다면 두말할 필요 없다. 당신을 아무 이유 없이 '좋아하게' 만드는 수밖에 없다.

당신의 팬인 부하 직원이 늘어날수록 당신의 리더 인생은 최고조에 달한다. '리더가 검은색이라고 하면 하얀색도 검은색이다!', 바로 이런 관계다. 이렇게만 된다면 웃음을 멈출 수가 없다.

때때로 이와 같은 결속력으로 크나큰 성공을 거머쥔 부러운 리더를 본 적이 있으리라. 그들이 대단한 이유는 경영 능력이 높기 때문이 아니다. 그들은 **'사랑하는 힘', 즉 부하 직원을 좋아하는 능력이 대단하다.** 이쪽이 먼저 '좋아해 주지' 않으면 상대방도 '좋아해 주지' 않는다. 따라서 **부하 직원이 당신을 좋아해 줄 때까지 그들을 '좋아해야'** 한다. 그 방법밖에 없다.

인간은 '사랑하는 힘'을 타고났다. 당신에게도 당연히 사랑하는 능력이 있다. 다만 그 능력을 충분히 발휘하지 못하고 있을 뿐이다.

그렇다면 **어떻게 해야 부하 직원을 좋아할 수 있을까? 아무렇지 않게 고백하면 된다.** 아무리 결점뿐인 부하 직원이라도 분명 한두 가지 정도는 호감을 느낄 수 있는 점이 있으리라.

'난 ○○씨의 이런 점이 참 좋더라' 하고 직접 말로 전달하면 좋다. 그러면 지금까지 그다지 호감이 가지 않던 부하 직원에게도 '아, 내가 저 친구를 좋아하는구나' 하는 마음이 드니 신기할 따름이다.

부끄러워하지 말고 소리 내어 '사랑한다'고 말해 보지 않겠는가? 그러면 **당신이 사실 '사랑이 넘치는 사람'이었다는 사실을 깨달을 수 있으리라.**

62

까치발은 이제 그만 '약점'을 속속 드러내라

언제까지고 '허세를 부리는' 세계에서 벗어나지 못하고 완벽주의의 망령에 사로잡혀 있는 리더가 있다.

부하 직원 앞에서 과하다 싶을 정도로 '완벽함'을 가장하며 까치발을 들다 보니 하루하루 피폐해져 간다. 아직 성장 중인 미숙한 부하 직원에게 '완벽함'을 요구하여 그들의 의욕과 소질을 짓밟는다. 환경이 '완벽'하게 정비되지 않은 조직 체제에 초조함을 감추지 못한다.

거 참, 이래서야 너무 '여유' 없지 않은가?

이제 슬슬 '너무 애쓰는 모습이 안쓰럽다'는 야유를 깨닫기 바란다. 어차피 본래 '실력'은 절대 감출 수 없다.

완벽을 추구하고 스스로 완벽함을 연기한다 해도 이미 부하 직원은 모든 것을 훤히 꿰뚫어 보고 있다. 완벽을 추구하려 하면 할수록 부하 직원과의 거리는 점점 더 멀어져 간다. 그들은 틈을 보이려 하지 않으면서 완벽을 가장하는 리더에게는 절대 마음을 열지 않는다.

애당초 모든 멤버에게 인정받고 지지 받을 수는 없다. 100퍼센트 미움 받지 않는 완벽한 리더를 목표를 삼는 사람 옆에는 오히려 아군이 한 명도 없다. 그렇다면 차라리 자연스러운 모습 그대로 '약점'을 속속 드러내고 좀더 틈을 보이면 어떻겠는가?

예를 들어 잘 모르는 부분이 있으면 부하 직원에게 직접 물어보고, 일부러 그들에게 기대 보는 방법도 나쁘지 않다.

원래라면 감추고 싶은 실패담을 우스갯소리처럼 털어놓는 방법도 효과적이다.

때로는 머리 숙여 사죄할 필요도 있다.

부하 직원 앞에서 감동의 눈물을 흘리는 것도 좋다.

리더이기 이전에 한 '인간'으로서의 촌스럽고 볼품없는 모습도 보여주며 거리를 좁혀나가길 바란다.

이쪽이 먼저 모든 것을 활짝 열고 약점을 드러내면 부하 직원도 마찬가지로 약점을 보여준다. **완벽이라는 '벽'을 무너뜨리면 부하 직원의 진심도 눈에 보이는 법**이다.

부하 직원은 알기 쉬운 리더를 좋아하지 무슨 일을 꾸미는지 도통 알 수 없는 리더에게는 마음을 열지 않는다. 거짓 없는, 맨몸의 리더를 좋아한다.

리더와 부하 직원이 **서로의 약점을 인정한다면 실패도 서로 용서할 수 있다. 그리고 무엇보다 장애물이나 실패를 예측하여 서로 보완해 줄 수도 있지 않은가!** 이를 통해 '팀플레이 정신'이 정착되어 간다.

63

서먹서먹한 관계를 만들지 마라 '어른의 우정'을 쌓아라

애당초 리더는 부하 직원에게 '어리광부리는 데' 서툴다. 조심스럽게 일정한 거리를 유지한다. 하지만 이래서는 팀 멤버와 진정한 신뢰 관계를 구축할 수 없다. 어리광부릴 수 있는 사이란 **상대방의 존재를 인정하고 자신의 진심까지 드러낼 수 있는 관계**를 의미한다.

따라서 부하 직원에게 어리광부리기 위해서는 **일종의 '자신감'이 필요하다. 어리광을 부린다고 약하다는 뜻은 아니다. 오히려 어리광부리고 싶은데 그러지 못하는 것이 약한 것**이다. 팀 멤버 앞에서 좀더 뻔뻔하게 행동하길 바란다. 그것이 진짜 자연스러운 모습이리라.

인간관계에서는 'Give and Give' 정신이 중요하니 보답을 바라서는 안 된다는 선인의 가르침이 있다. 정말 그렇다.

여기서 한 발 더 나아가 '진화'된 부하 직원과의 신뢰 관계에서는 'Give and Take' 중 'Take'를 우선시하길 바란다. 이것이야말로 매니지먼트를 있는 그대로의 모습으로 즐길 수 있는 비법이다.

서로 어리광을 한없이 'Take and Give'하다 보면 '서로 의존하는 신뢰 관계'가 생겨난다. 서로를 위하는 배려와 도움이 전제가 되는 아름다운 관계보다 **서로 어리광을 부리고 받아주는 언뜻 보기에 꼴불견인 서로 '의존하는'관계야말로 어른의 신뢰 관계다.**

따라서 부하 직원에게 어리광을 부리지 못한다면 이는 '아직 성숙하지 못한' 관계라는 증거이리라. 또 좋은 의미에서 팀 멤버를 이용하려는 자세도 나쁘지 않다. 그 대신 부하 직원의 어리광도 인정해 주어야 한다. 만약 그 어리광이 불쾌하게 느껴진다면 진정한 신뢰 관계는 생겨나지 않는다. 그저 오만한, 자기 직위를 이용하여 부하 직원을 괴롭히는 파워 해러스먼트일 뿐이다. '의존은 약한 사람이나 하는 것'이라고 굳게 믿고 폼 잡는 당신. 좀더 부하 직원에게 어리광부리기를 바란다. 사람마다 정체성(Identity)이 다르다는 사실을 인정하고 **부하 직원의 호의에 기대고 의존할 수 있는 것도 중요한 능력**이다.

수중에 돈이 없을 때 괜한 폼 잡지 말고 부하 직원에게 한 번쯤 얻어먹어도 괜찮지 않은가? 고민이 있을 때 부하 직원에게 허심탄회하게 상담해도 괜찮지 않은가? 이사나 관혼상제 등으로 일손이 부족할 때 부하 직원에게 도움을 받아도 괜찮지 않은가?

부하 직원이 당신을 위해 이바지해주리라는 기대를 품고 인관관계를 맺어도 좋다. 자신의 욕구에 솔직해지고 부하 직원과 '어리광부리기 캐치볼'을 즐길 수 있어야 한다. **이를 통해 팀 멤버와 '어른의 우정'을 쌓아갈 수 있다.**

64

서로 상처를 핥아주지 마라
찌릿찌릿한 '긴장감'을 연출하라

그저 단짝 친구 같이 '화기애애한 팀'은 정말 어찌할 도리가 없다. 언뜻 보기에 편안하고 팀워크도 좋아 보일지 모르지만 실적을 보면 일목요연하다. 대부분 처참한 결과다. 통솔이 되지 않는 팀은 성과를 맛보지 못하고 결국 붕괴될 운명이다.

그들은 리더를 중심으로 '서로의 상처를 핥아주기' 바쁘다. 서로 격려해 주는 일이 아닌 '서로 위로해 주는 일'이 습관이 되어버렸다. 이렇듯 사이좋은 동아리로 변해 버린 팀을 보면 도대체 누가 리더인지 알 수 없다.

'마음 내키는 대로, 아무런 구속 없이 마이페이스로 일하고 싶다', '이러쿵저러쿵 지시받고 강요당하기 싫다.'

이것이 팀 멤버들의 '본성'이다.

따라서 좋은 관계를 최우선으로 생각하는 리더는 무사안일주의에 빠져 부하 직원의 어리석은 행동을 묵인하고 태만을 방임한다. 한심하게도 매일매일 '보고도 못 본 척'하며 살아간다.

부하 직원의 자율성에 맡기는 일도 때로는 중요하리라. **하지만 리더가 정신을 바짝 차리지 않으면 대부분의 팀 멤버는 안 좋은 쪽으로 흘러가고 만다.**

부하 직원이 반발하고 그들과 충돌할까 두려워 관리하고 지도하기를 회피한다면 팀을 통솔해 나갈 수 없다.

리더가 부하 직원의 거부 반응으로부터 도망친다면 일단 한동안은 팀의 '어린 양들'이 얌전히 있을지도 모른다.

하지만 순종이라는 '양의 탈을 쓴 늑대 무리'만큼 골치 아픈 집단도 없다.

'양들의 침묵'만큼 무서운 것도 없다.

어중간하게 발을 들여놓았다가는 약점을 잡히고 저항에 부딪힌다. 심지어 파업이나 쿠데타를 불사하는 경우도 있다.

그렇다고 리더가 겁을 먹어서는 안 된다. **작당하고 농땡이 부리는 집회의 장에 비집고 들어가 그들의 행동을 바로잡겠다는 각오로 임해야 한다.**

리더는 결코 부하 직원과 무리를 지어 다니면 안 된다. 그리고 명령을 내리는 일로부터 도망쳐서도 안 된다.

서로 '나쁜 것은 나쁘다'고 지적할 수 있는, 찌릿찌릿한 긴장감이 흐르는 팀을 구축하기를 바란다. 리더부터 용기 내어 한 발 내딛어야 한다.

리더야말로 가장 강한 '늑대'가 되어 '양의 탈을 쓴 늑대 무리'를 통솔해 나가야 한다.

65

불쌍하게 여기지 마라
'좋은 사람'은 졸업하고 비정해져라

어느 사무실에나 '좋은 사람'만 가득하다. 요즘 **전국적으로 '천사 같은 리더'가** 늘고 있다. 마치 엄마처럼 과잉보호하고, 형제처럼 사이좋고, 연인처럼 애지중지하는 천사 같은 존재이다. 이런 리더들이 늘고 있다.

부하 직원은 단 한 번도 심하게 혼나본 적 없고 혹독한 지도 또한 거의 받아본 적 없다. 업무 지시를 내리는 리더는 항상 저자세에 조심스럽다. 부하 직원이 하기 싫은 업무에서 항상 도망 다니고 목표를 달성하지 못해도 용서해준다. 웬만한 실패는 다 눈감아 준다. 지각해도 혼내지 않는다. 그런데도 그들에 대한 평가 점수는 항상 A다.

때때로 점심이나 술도 사준다.

감기에 걸렸다며 꾀병을 부린 부하 직원에게 다음날 영양 드링크를 사다준다.

출장 갔다 돌아올 때면 부하 직원이 좋아하는 기념품도 빼먹지 않는다. 따라서 '천사 리더'는 부하 직원에게 인간적으로 미움 받지 않는다.

그럭저럭 사랑받는다.

하지만 리더로서 존경을 받느냐 하면 의문이다. 아니 오히려 리더를 우습게 본다고 해도 과언이 아니다.

그저 미움받고 싶지 않은 마음으로 하는 행위에는 어딘가 거짓이 숨어있다. 그렇기에 신뢰를 받지 못한다. 아무리 좋은 사람인 척 연기해도 리더로서의 평가는 참혹하다. 부하 직원들은 마음속으로 그를 경멸하고, 그에 대한 상사들의 평가 또한 항상 최하위 랭크다. 겨우겨우 인품으로 목숨을 부지하며 산다.

착하기만 한 리더는 '전혀'라고 해도 과언이 아닐 정도로 '성과'를 내지 못한다. 이래서야 부하 직원이 자라날 수 있을 리가 없다.

어중간한 배려는 부하 직원을 위한 길이 아니다. 성과와 마주하는 고통을 극복했을 때 비로소 부하 직원은 씩씩하게 성장해 나갈 수 있는 법이다. 또 도망치려는 부하 직원을 오기로라도 '최전선'으로 다시 끌고 오는 것이 리더의 책무 아닐까?

'그저 좋은 사람'과는 이제 결별해야 한다. 부하 직원을 동정하지 말고 애정을 가지고 비정하게 대해주기를 바란다. 이것이 바람직한 리더의 모습이다.

미움받아도 신경 쓰지 않고 옳은 것을 옳다고 지도하는 리더는 결국 미움받지 않는다. 애정 어린 마음으로 비정해 질 수 있는 리더야말로 마지막에 웃을 수 있다. 표면상의 상냥함을 애정이라고 착각하는 리더는 이제 그만 그 '어리석음'을 깨달아야 한다.

66

언 발에 오줌 누기식 육성으로 도망치지 마라
'자기 자신'을 키워라

팀의 실적이 오르지 않는 원인을 리더인 자기 자신이 아니라 '마음 대로 움직여주지 않는 부하 직원에게 있다'고 굳게 믿는 리더가 있다.

그런 바보 같은 소리하면 안 된다.

리더의 지식이 부족하기에 멤버들의 지식도 늘지 않는 것이다. 리더에게 스킬이 없기에 멤버들의 스킬도 연마되지 않는 것이다. 리더의 모티베이션이 낮기에 멤버들의 모티베이션도 높지 않은 것이다.

자만에 빠진 리더가 조직 개선을 위한 과제와 대책으로 제일 먼저 내놓는 것이 바로 '인재 육성'이니 도저히 웃으려야 웃을 수가 없다.

의식하든 안 하든 부하 직원은 항상 리더를 '관찰'한다.

공부를 열심히 하는 리더가 있는 팀은 멤버들도 상품 지식이 풍부하고 항상 최신 정보를 꿰고 있다. 프레젠테이션 능력이 뛰어나고 매뉴얼을 잘 숙지한 리더가 있는 팀은 멤버들의 토크 테크닉도 높은 수준에 도달해 있다.

매일같이 아침 일찍 일어나 제일 먼저 회사에 출근하는 리더가 있는 팀은 멤버들도 아침 일찍부터 일에 시동을 건다.

이 모든 것이 리더를 관찰한 부하 직원이 '영향'을 받은 '결과'다. 그야말로 팀은 리더의 모습을 그대로 투영하는 자기 자신을 비추어주는 '거울'과도 같다.

본인도 성장하지 못하면서 '부하 직원을 키우겠다'는 말을 입버릇처럼 달고 다니는 리더는 오만불손하다.

아무리 훌륭한 인재 육성 계획을 내걸고 부하 직원을 키워보려 해도 제대로 자라날 리 없다.

리더 또한 부하 직원과 같이 성장 곡선을 그려나가야 한다. 손에 손을 잡고 같이 성장해 나가야 한다. **'부하 직원을 키우기 전에 먼저 자기 자신을 키우라'**고 말해주고 싶다.

예를 들어 수많은 양서를 탐닉하듯 읽어대고, 실비를 들여서라도 외부 연수를 받고, 시간을 쪼개어 우수한 비즈니스맨들을 만나가며 정보를 수집하고, 항상 최신 기술을 습득하기 위해 지속적으로 트레이닝하고, 때로는 좌선(坐禪) 등으로 정신면도 단련한다.

마치 현실 도피라도 하듯 술집을 전전하며 부하 직원의 푸념을 안주 삼아 술을 마신다 해도 당신 팀이 안고 있는 스트레스는 해소되지 않는다.

끝까지 자기 자신을 갈고닦아 단련하고 진화해 나가야 한다. 이것이야말로 팀을 성장시킬 수 있는 지름길이다.

67

핑계나 책임 전가를 믿지 마라
'청렴결백한 마음'을 키워라

아마 당신도 1년에 한 번쯤 인간독(人間dock, 표면상으로 명백한 질병의 증세 없이 평소 건강하게 일상생활을 영위하고 있는 사람에 대하여 실시하는 준정기적인 종합 검진-역주)이나 건강 검진을 받지 않을까? 만약 그렇다면 그때마다 당신의 소중한 팀 멤버들이 무시무시한 전염병에 걸리지는 않았는지 그들의 마음도 정기적으로 검진해 주길 바란다.

여기서 전염병이란 부하 직원의 인생을 파멸로 이끌 수도 있는 성가신 병원균, '남 탓 병'을 의미한다. 이 병에 걸린 멤버들은 항상 자기 자신의 노력 부족이나 얕은 지식, 낮은 스킬에서는 눈을 돌린다. 그 대신 실패의 원인을 경기, 시장, 회사, 상품 탓으로 돌린다. 하물며 자신의 한심함에 기인한 낮은 평가조차도 리더 탓으로 돌린다.

피해자를 가장한 이들 '남 탓 병' 환자들에게는 자신이 바이러스에 감염되었다는 자각 증상조차 없다. 그렇기에 눈앞에 있는 과제와 마주보려고도 하지 않는다. 그저 막무가내로 '나는 아무 잘못 없다'고 굳게 믿으며 끊임없이 핑계대고 책임을 전가한다. **누군가를 원망하고, 무언가에 분노하고, 항상 한탄한다. 갈 곳 잃은 초조함과 사방이 꽉 막힌 세계에서 체념하고 또 체념하다 결국에는 '피해자 병동'으로 떨어져 간다.**

결코 리더인 당신과는 전혀 상관없는 남의 일이라고 단정할 수 없다. 애당초 팀 **멤버들의 '남 탓 병'은 리더인 '당신 탓'**이기 때문이다.

당신의 팀을 절대 지옥의 '피해자 병동'으로 만들어서는 안 된다. 세심한 예방 조치가 필요하다. '누구의 탓도 아니다. 원인은 자기 자신에게 있다'는 사실을 자각하게 만들어야 한다. 몇 번이고, 몇 번이고 이 말을 되뇌며 멤버들에게도 전파해 나가야 한다.

이것이 예방 백신이다.

'남 탓 바이러스'로부터 팀을 구하기 위해서는 일단 리더를 비롯한 멤버 전원의 면역력을 높인 후에 철저하게 감염 경로를 차단하는 수밖에 없다. 그리고 최대한 외부 또는 다른 부문의 '남 탓 병 환자'와 접촉하는 일이 없도록 격리해야 한다.

'남 탓 바이러스'는 무시무시한 속도로 전파되고, 점점 더 기세를 올리며 증식되어 간다. 멤버들이 송장이 될 때까지 끊임없이 먹어 치운다. 그렇게 되돌릴 수 없는 지경이 되기 전에 **자신에게 닥치는 모든 일을 다 '자기 탓'으로 받아들이고 깨끗하게 책임지는 팀 문화를 만들어 나가길 바란다.**

항상 청결하고, 결백하며, 순결한 마음으로 일해 주기를 바란다. 병원균이 다가오지 못하게 만드는 '청렴결백한 마음'을 키워나가야 한다.

68

죄를 심판하지 마라
부하 직원을
'반면교사'로 삼아라

인간적으로 미숙한 부하 직원을 지도하는 일은 만만치 않다.

매너나 에티켓을 모르고 도덕관이나 윤리관도 낮다. 공부하기 싫어하고 교양이나 상식도 아직 부족하다. 빌려가 놓고는 돌려주지 않고 은혜에 감사하는 마음도 없다.

사생활이 칠칠치 못하고 건전하지 못하다. 태연하게 거짓말도 하고 자기중심적이며 다른 사람을 얕잡아 본다.

'저 녀석들은 최하위 수준의 인간이야', 분노가 깃든 당신의 외침이 들려오는 것만 같다. 매일매일 마음속에서 그들을 베고, 베고, 또 벤다. 분명 당신 마음속에 '심판의 폭풍'이 몰아치고 있으리라.

그럴 만도 하다. 혹독하게 비난하고 싶은 당신 마음은 쓰리도록 잘 이해할 수 있다.

하지만 그 분노 뒤편에 숨은 당신의 '오만'에서도 위험이 느껴진다.

부하 직원을 비난할 때 '나는 저들과는 다른 인종'이라는 마음으로 그들을 무시하고, **'나는 좋은 사람, 저들은 나쁜 사람'이라는 윤리관으로 구분 짓지는 않았는가?**

물론 때로는 그런 그들을 보며 리더로서 겸허해지고 거울의 법칙에 따라 '반면교사'로 삼기도 하리라. 다만 **그 속에서 오만함이 엿보인다**는 점이 걱정이다. 이러한 착각이 언젠가 잘못을 낳을 우려가 있다는 사실을 자각해야 한다.

부하 직원을 얕잡아보기 전에 먼저 자기 자신부터 겸허하게 평가해 보아야 한다. 자신에게 그들을 심판할 자격이 있는지, 정말 자신은 언제나 완벽했는지 스스로 반성해 보기를 바란다.

'나는 저런 사람과는 달라'가 아니라 '나도 저런 행동을 하지 않도록 조심해야지' 하는 마음가짐을 항상 지니기 바란다.

이것이야말로 진정한 반면교사가 아닐까? 이제 더는 정의의 가면을 쓰고 비난하는 '사이비 재판관'이 되어서는 안 된다. 심판받는 부하 직원과 심판하는 리더인 당신은 인간으로서 종이 한 장 차이일 뿐이다. 당신이 깨닫지 못하는 사이에 당신 또한 팀 멤버에게 심판받고 있을지도 모른다고 생각하는 편이 현명하다.

부하 직원을 얕잡아보다 보면 그들의 어리석은 행동을 보고 왠지 안심하는 교만함도 생겨날 수 있다. '정말 바보 같아'하고 얕잡아보며 안심하지 말고 **'어리석은 부하 직원'과 '짐짓 모른 체해 왔던 자기 자신'을 포개어 보지 않겠는가?**

그러면 악! 하고 놀랄 만한 '반면 리더'의 정체가 보일지도 모른다.

'안정'을 추구하지 마라
영광을 버리고
또 버려라

여러 어려움을 참고 견뎌낸 분투노력(奮鬪努力, 온 힘을 다하여 노력함-역주)이 결실을 맺어 리더로서 그 나름 지위와 수입을 손에 넣고 나면 그것들을 다시 내려놓고 싶어 하지 않는 듯하다. 이는 인간의 본성이 리라. '오케이, 좋았어. 이대로, 이대로만 가는 거야'하며 그 자리에 매 달리고 미적지근하게 일하는 생활에 안주하고 싶어 하는 듯하다.

경쟁에서 승리하여 쟁취한 관리직 자리나 고액의 연 수입뿐 아니라 시간을 들여 확립한 관리 방법, 축적된 전문 지식이나 특수 기술, 착실 히 일구어 온 풍부한 인맥 등 살을 깎는 노력으로 도달한 스테이지일 수록 그 현실에 도취하고 싶어진다.

뭐 분명 '이제 그만 편하게 살고 싶다'는 그 마음이 이해되지 않는 것은 아니다. 하지만 **이 세상은 제행무상(諸行無常)이다. 미지근한 극락이 영원히 계속되는 일 따위 없다.** 그럭저럭한 실적에 만족하며 현재의 커리어를 유지하기 위해 수비에 들어가면 들어갈수록 모든 것은 낮은 곳으로 떠내려간다. 비즈니스 세계는 성공 스테이지에서 '태평하게 보내는 사람'을 다음 스테이지까지 자동으로 데려다 줄 만큼 무르지 않다.

성공으로 가는 에스컬레이터를 탔다고 생각할지도 모른다. 하지만 지금 당신이 멍하니 서있는 그곳은 냉혹하고 '비정'한 계단의 '층계참'이라는 사실을 깨달아야 한다.

작은 성공에 매달리고 싶어 하는 심층 심리에는 자만이라는 이름의 요괴가 자리 잡고 있다. **이 무서운 요괴를 내쫓으려면 마치 천구(天狗)처럼 높이 자란 그 오만한 코를 자신의 손으로 두 동강 내버리고, 나태함에 해이해질 대로 해이해진 그 몸에 채찍을 휘두르는 수밖에 없다.** 표창장을 찢어버리고 당신이 매달려 있는 '과거의 영광'과 결별해야 한다.

지금까지 안정을 추구하던 리더들이 잇달아 탈락하는 가련한 말로를 이 눈으로 직접 봐왔다. 몸보신에 집착하는 안정의 끝에는 깊은 함정이라는 무서운 결말이 기다리고 있다. 당신은 정녕 어두운 감옥 속에서 노예로 살아가고 싶은가?

평온한 현재 상황에 만족하면 할수록 시시각각 '그때'가 다가온다. 그리고 그때가 도래한 후에는 어떻게 해도 되돌릴 수 없다.

만약 그렇게 되기 싫다면 지금부터 **현상 유지를 '버려나가는 결단'을 내리고 또 내려야** 한다.

그리고 '고통' 끝에 있는 다음 스테이지를 향해 계속 계단을 걸어 올라갈 수밖에 없다.

이것이야말로 리더의 미학이다.

70

교만해지지 마라
어디까지나 '겸손하고
또 겸손'하라

팀 실적이 상승 곡선을 그릴 때 대부분의 리더는 '겸손함'을 잃고 만다. 그렇기에 상황의 흐름이 하향 곡선을 타기 시작해도 그 사실을 바로 깨닫지 못한다. 바보같다. 그렇다. 무서운 것은 다름 아닌 당신의 '오만함'이다.

원래라면 개선해야 할 정론이 틀림없는 동료의 조언도 '불평이나 싫은 소리'로밖에 들리지 않고, 핵심을 찌르는 경고임에 틀림없는 상사의 금언도 '설교나 간섭'으로밖에 여겨지지 않는다. 그리고 무엇보다 **가장 귀를 기울여야 할 부하 직원의 '지적'에 노발대발하며 역정만 낼뿐 전혀 마음을 고쳐먹을 기미가 안 보인다.**

아무래도 좋은 실적이 지속되어 잘 나갈수록 겸손함을 잃고 마는 듯하다.

예스맨인 부하 직원만 총애하고 오만한 태도로 그들을 똘마니처럼 복종시킨다면 남은 것은 시간문제일 뿐이다. 조만간 똑같이 당하게 된다. '우쭐대지 말라'는 듯 시련에 머리를 세게 두들겨 맞고, 피노키오처럼 자라난 콧대가 꺾이고 만다.

그래도 여전히 '절대 이럴 수는 없다!'며 고집 피우는, 질리지도 않는 사람들이 있는 듯하다. 어리석게도 가장 잘나갈 때의 환상에 빠져 넋 놓고 있다가 도태되어 간 반짝 스타 리더도 적지 않다. 그들은 **'부하 직원 덕분'이라는 사실을 망각한 채 '나는 대단해', '다 내 공적'이라며 잘난 체하다 인심을 잃고 만다.** 그런 리더들이 밑바닥의 좌절감을 맛보게 되는 것은 어쩌면 필연이리라.

그제야 비로소 지옥에서 다시 벗어나 보려고 자기 자신을 경계하기 시작하는데…. 이렇듯 마음을 고쳐먹고 '겸손함'을 되찾기 위해 노력하는 자세까지는 좋다. 그런데 이번에는 이 '겸손함'을 애매하게 잘못 이해하는 리더가 등장한다. 바로 '스스로를 비하'하고 마는 리더다.

극도의 실패로 자신감을 잃어버리는 것도 무리는 아니다.

하지만 **겸손과 '비겁'은 정반대의 의미다.** 겸손은 머리를 조아리며 비굴하게 주위 사람의 동정을 구하는 것이 아니다. 물론 자기주장은 억누른 채 부하 직원의 제멋대로인 언동에 휘둘리는 것도 아니다.

그저 비굴한 것과는 다른, 진정으로 '겸손하고 또 겸손'한 마음이 없으면 계속해서 좋은 성과를 올릴 수 없다.

'덕분에'라는 겸손하고 또 겸손한 마음이 힘을 발휘할 때 비로소 팀 멤버들이 당신을 한 수 위로 보고 계속 지지해 준다. 팀에 선순환이 생기나 상승 곡선은 점점 더 위를 향해 뻗어나간다.

71

고난과 시련에
지지 마라
'자서전의 소재'로
삼는다는 기개를 지녀라

혹시 지금 '부하 직원들이 마음대로 움직여주지 않고', '실적이 오르락내리락하며 안정되지 않는' 현실에 '정말 최악이야' 하며 넋두리를 늘어놓고 있지는 않은가?

때로는 부하 직원에게 배신당해 인간 불신에 괴로워하기도 하리라. 때로는 갓 부임한 신 같은 상사의 거친 위협에 맞닥트리는 일도 있으리라. 때로는 주가 하락에 따른 불황의 영향으로 수입이 급감하는 일도 있으리라. 하지만 천만에!

애당초 팀 멤버는 자기 자신을 비추어주는 거울이다. 따라서 모든 인간관계는 자업자득이다.

또 자신의 직위를 이용해 아랫사람을 괴롭히는 상사는 많든 적든 어느 조직에나 존재하기 마련이다. 경기 또한 원래 불안정한데 여기에 의지한다는 것 자체가 웃기다.

어쩔 도리도 없는 불합리한 일에 대해 '넋두리'를 늘어놓으며 기운만 빼다면 '이중고'에 시달리지 않겠는가? 이래서야 너무 억울하다. 또 팀을 이끄는 리더로서도 한심하다.

이제부터는 이러한 혹독한 현실도 '스스로 선택한 결과'라고 해석하고 그대로 받아들이기 바란다. 가령 그 선택이 '정답이 아니었다'며 분하게 여길 시련이 찾아온다 해도 **결국에는 '그 어떤 실패나 장애도 '완전 정답'으로 만들어 보이고 말겠다'는 기개야말로 현재 상황을 돌파할 수 있는 힘을 낳는다.**

따라서 마음이 상처받는 일이 없도록 당신의 긍정적인 사고방식을 철저히 갈고닦아야 한다. 항상 무슨 일이든 순수한 마음으로 긍정적으로 받아들이고 '이것 또한 완전 정답으로 만들어 버리겠다'는 문구를 계속해서 되뇌어야 한다.

먼 훗날 '아, 그렇구나. 그때 그 일이 있었기에 지금의 성공이 있는 거구나' 하는 인생 대역전의 해석이 파워의 원천이 된다.

모든 고난과 시련을 언젠가 '자서전의 소재로 만들어 주겠다'는 삶의 방식으로 발전해 나가길 바란다.

그 시나리오가 비극적인 상황에서 단번에 역전되는 스토리일수록 전개가 재미있어지지 않겠는가?

이런 해석이 쌓이고 쌓여 앞으로 5년 후, 10년 후까지 이어지는 성과를 낳는다. 의지했던 누군가에게 배신당하는 일도 없고, 믿을 수 없는 무언가에 매달릴 일도 없는 리더 인생을 자기 자신의 발로 걸어 나가지 않겠는가?

72

겁먹고
움츠러들지 마라
'고질라'처럼 위에서
내려다보라

리더라면 왠지 모르게 자기 자신이 믿음직스럽지 못하게 느껴지고 리더십을 제대로 발휘하지 못하는 답답함에 괴로울 때가 있다.

그런 초조함에 사로잡혔을 때는 머릿속으로 고질라처럼 거대해진 당신이 작은 사무실 빌딩을 내려다보는 이미지를 떠올려라. 그러면 신기하게도 정말 '거대해진 느낌'이 든다.

대학을 졸업하고 회사에 처음 들어갔을 때부터 내가 회사의 중심인 존재라고 굳게 믿고 '고질라'처럼 일해 왔다.

지사장이 된 후에도 경영진에 영합하지 않고 내가 톱이라는 마음가짐으로 '고질라'처럼 호쾌하게 행동해 왔다.

지금은 영업본부의 중심에 서있다.

만약 이 신규 채널을 무에서 탄생시킨 첫 한 방울(한 사람)이었던 내가 '고질라'처럼 돌진하는 주인공이 아니었다면 크나큰 강(수백 명)이 되어 흐르지 못했으리라. **조직이라는 무대의 주인공은 항상 나였고, 기분 좋게 '고질라'를 '연기'해 왔다.**

리더가 백 명 있으면 백 개의 팀이 탄생하고 백 개의 드라마가 생겨난다.

비록 평범한 리더라 할지라도 당신은 당신의 인생 드라마에서 절대 없어서는 안 될 존재인 주인공이다.

'각본' 또한 당신이 쓴다. 팀 멤버와의 관계성이나 배역 또한 당신이 창조한 산물이고, 각본가인 당신이 만들어낸 이야기다.

동시에 당신 주위에 보이는 영상은 '연출가'인 당신이 좋아서 촬영한 경치다. **주연, 각본, 연출, 이 모든 것이 당신의 의지로 현실이 되어 간다.**

드라마 주인공에게는 항상 **시련이나 고난이 따라다니기 마련이다. 아무래도 해프닝이 없으면 이야기가 재미없다.** 결말에는 대반전도 있고 정의는 항상 승리한다.

주인공이기에 불요불굴(不撓不屈, 휘지도 않고 굽히지도 않는다는 뜻으로 어떤 난관도 꿋꿋하게 견디어 나간다는 의미다-역주)의 정신으로 마지막까지 포기하지 않고 어려움을 극복하여 팀의 목표를 달성해 나갈 수 있다.

주인공이기에 항상 팀의 선두에 서서 길을 개척하고 멤버가 선망하는 모범적인 존재가 될 수 있다. 주인공이기에 실패를 교훈 삼아 겸허하게 계속 배워나가는 자세를 잊지 않고 부하 직원에게 감사하는 마음으로 신뢰 관계를 구축해 나갈 수 있다.

자, 빌딩보다 크고 씩씩한 '고질라 리더'를 목표로 삼아보지 않겠는가?

73

'저항 세력'에 굴복하지 마라 변혁을 추진하라

지금은 '1년이면 강산도 변하는' 시대다. 시대는 엄청난 속도로 변화한다. 그렇기에 지금 같은 시대에 변화에 뒤쳐진 리더는 고전을 면치 못하는 듯하다.

극단적으로 비유하자면 기모노에 게타(일본의 나무신발-역주)를 신고 말이나 리어카를 타며 일하는 듯한, 그야말로 시대착오적인 리더가 있다. 에도시대는 이미 끝난 지 오래다. 양복에 구두를 신고 자동차나 전차를 타고 일해도 좋을 시대다. 하루 빨리 '상투'를 떼어내길 바란다.

오래된 전통에 매달리고 계속 옛날 방식이 최고라고 믿는 등 시대에 뒤처진 리더는 '쇄국 정책'을 펼치는 에도막부와 똑같다.

그 결과 '현장을 제대로 보지 못하는 구식 리더'와 '악정에 시달리는 부하 직원'의 신뢰 관계는 붕괴 직전이다. 현장에서 일하는 팀 멤버들은 비통하게 비명을 지르고 있다.

내 주위에도 제대로 진화하지 못한 '상투머리 리더'들이 여전히 살아남아 있다.

변화하기를 멈춘 리더는 가장 높은 자리에 있으면서도 고지식하다. 또 그들에게는 '탐관오리'라는 공통점도 있다. **눈앞의 평가나 이익을 끝내 버리지 못하고, 결국 이는 변혁을 가로막는 무거운 족쇄가 된다.**

한편 변혁 쪽으로 방향을 바꿔보려 해도 반발이나 장애물이 두려워 움직이지 못하는 측면도 분명 있으리라.

변혁에는 저항 세력과 싸워 나가야 하는 '아픔'이 동반되기 때문이다.

하지만 가령 '변혁파 10퍼센트, 저항 세력 90퍼센트'일지라도 절대 포기하면 안 된다. 저항 세력 중에는 '중간파'가 숨어 있다.

그렇다. 그들은 항상 **리더인 당신의 '싸울 각오'를 심판한다.** 당신이 얼마나 흔들림 없이 행동하느냐에 따라 순식간에 흐름이 바뀌어 '변혁파 90퍼센트로의 대역전'도 가능하다.

예전에 나도 '상투머리 조직'을 맡을 때마다 다양한 '무장 봉기' 세력들과 맞서 싸워 왔다. 하지만 **그 어떤 순간에도 파이팅 포즈만은 풀지 않았다.**

리더가 언제까지고 '나쁜 습관'에 매달리고 저항 세력과 싸워 나가는 '고통'에서 도망치기만 한다면 변혁은 앞으로 나아가지 못한다. **팀의 멤버들은 항상 리더인 당신의 등을 주시하고 있다.**

그러니 부디 자기 자신의 자아나 부하 직원의 반발과 정면으로 마주 보고 행동하며, 앞으로 다가올 팀의 미래로 눈을 돌리기 바란다. 리더가 '변혁을 향한 첫 걸음'을 내딛어야 한다.

74

'배신자'에
휘둘리지 마라
협력자를 끌어들여라

안타깝게도 **어느 조직에나 리더의 발목을 잡아당기는 '악마'가 있다.**

리더가 내거는 방침에 딴죽을 걸고, 부정적이고 마이너스인 면만 퍼뜨리고 다닌다. 뿐만 아니라 뒤에서 리더의 험담을 퍼뜨리고 팀을 약하게 만드는 무서운 존재다. '리더가 A씨 흉을 보던데' 하며, A씨 귓가에 친절하게 속삭여주고, 'A씨가 리더 험담을 하더라고요' 하며 리더에게는 충성을 가장한다. 이렇듯 온 주위에 트러블의 씨앗을 뿌리고 물을 주며 마치 유쾌범처럼 팀을 망가트려 간다.

이 악마는 의외로 머리 회전이 빠르고 순종적인 '연기'에도 천재적인 재능을 보인다. **표면적으로는 협력자인 척 행동하기 때문에 그 속에 '숨겨진 악의'가 있다는 사실을 좀처럼 깨닫지 못한다.** 하물며 '이 수완 좋은 배신자'는 바로 당신 곁에 있다. 자, 뒤를 돌아보길 바란다. 악마가 섬뜩하게 미소 짓고 있으리라. 한시라도 빨리 그 악마를 팀에서 좇아내야 한다.

악마 같은 측근을 추방하자마자 실적이 쭉쭉 상승 곡선을 그리기 시작했다는 팀을 셀 수 없이 많이 봐왔다. 당신도 배신자가 제 발로 걸어 나갈 수 있는 궁극의 '악마 퇴치술'을 실행에 옮기길 바란다. '숨겨진 악의'를 품고 있는 배신자는 약한 마음을 제일 좋아한다. 그들은 '다른 사람의 불행'을 먹이 삼아 살아간다. 그렇기에 약한 마음을 잘 찾아낸다.

이렇게 된 이상 정의로 대항할 수밖에 없다. **리더가 끝까지 고결함을 유지하고 올바른 방향으로 나아갈수록 악마의 정체가 드러나고** 추악한 범죄를 깨닫게 된다. 그 순간 악마와의 정면대결이다. 강하고 흔들림 없는 신념과 용기로 '똑바로 마주보기' 바란다.

범죄자를 용인하는 행위와 잘못을 용서하는 관대한 마음은 완전히 다르다. **정정당당하게 끝까지 고결함을 유지한다면 이제 더는 악마가 발붙일 장소가 없다.** 리더의 고결함은 드라큘라를 격퇴하는 '햇볕'이고 '십자가'이자 '마늘'과 같은 존재다. 리더가 단호하게 흔들리지 않는다면 배신자는 제 발로 걸어 나가고 다시는 가까이 오지 않는다.

한편 **묻혀 있던 협력자들이 속속 나타나 활발하게 움직이기 시작한다.**

강하고 청렴결백하며 올바른 신념은 배신자를 멀어지게 만들고 협력자는 끌어들인다.

당신의 방침을 팀 멤버들에게 대변해 주는 부하 직원, 당신의 과제를 적극적으로 도와주는 부하 직원, 당신 대신 올바른 정보를 수집해 주는 부하 직원. 이렇듯 마음 든든한 '천사 같은 협력자'가 나타난다. 그러면 당신의 팀은 물 만난 고기가 헤엄치는 맑디맑은 청류처럼 기운차게 흘러가기 시작하리라.

75

악의적인 올가미에
굴복하지 마라
당한만큼 '복수'하라

'십자가'도 효과가 없는 드라큘라 사원이 쳐놓은 교묘한 올가미나 음모, 이유 없는 비난이나 앙심에 의한 테러 공격, 이런 일을 당했을 때는 도대체 어떻게 하면 좋을까? 섣불리 잘못 대응했다가는 괴롭힘을 당했다고 고소당할 수도 있다. 그렇기에 당신이 신중한 '조치'로 대응하려고 우물쭈물하고 허둥거리는 것도 무리는 아니다.

하지만 그렇다고 해서 언제까지고 엉거주춤한 자세로 어쩔 수 없다며 참고 넘어가기만 한다면 사악한 부하 직원은 점점 더 기어오르고 당신에 대한 '괴롭힘'의 수위를 높여갈 것이다.

아무쪼록 악의의 올가미에 굴복하지 말기를 바란다. 사악한 부하 직원과는 싸우는 수밖에 없다. **정정당당하게 맞서며 파이팅 포즈를 풀지 말고 '복수'해야** 한다.

복수라고 해도 단순한 보복이라기보다 정당방위를 뜻한다. 다시 말해 '싸움을 걸어오면 상대해주라'는 말이다. 가령 이유 없는 중상 비방에는 맞짱을 뜬다는 각오로 협상(결투) 테이블에 앉는다. 회의에서 당신의 발언에 악의 섞인 딴지를 걸어온다면 격렬한 토론으로 설복시킨다.

이렇듯 '정의의 신'이 되어야 한다.

이제 와서 무엇을 감추겠는가? 예전에 나의 약점은 **'이해심 좋은 관대함'이었다. 공격적이고 사악한 부하 직원의 괴롭힘에도 무사안일주의로 대응하기 일쑤였다.** 어리석은 사람을 상대한들 시간과 수고만 낭비될 뿐이라며 사악한 부하 직원에게서 도망치는 버릇이 있었다. 이것이 낙관적이고 '긍정적인 자세'라고 착각하고 있었다.

'어리석은 자는 상대하지 않는' 삶의 방식은 '부자는 싸우지 않는다'는 속담처럼 여유 있는 인격자처럼, 평화주의자처럼 멋져 보인다. 하지만 단지 문제에 직면할 용기가 없었던 것뿐이라는 사실을 이제는 솔직히 인정할 수 있다.

돌이켜 생각해 보면 이러한 **'거짓으로 긍정적인 사고'가 얼마나 팀에 악영향을 미쳤을까?** 지금 와서 말이지만 소름끼칠 정도다. 그냥 두면 테러 행위는 멈출 줄을 모른다. 적으로부터 도망치는 한 문제의 본질은 아무것도 해결되지 않는다.

따라서 가령 당신의 반격을 적이 받아친다 하더라도 기죽어서는 안 된다. 공격을 당하고 또 당해도 다시 일어서야 한다. **용기 내어 뛰어 들면 해결 쪽으로 움직이기 시작한다.** 최대의 적은 당신 자신이다. 사악한 부하 직원과 마주하기 전에 먼저 당신 마음 속 정의의 마음과 마주하길 바란다. 건전한 팀 멤버는 그런 **당신의 '신의 각오'를 지켜보고 있다.**

Habits
신神습관

인간의 마음은 활동이 멈추면 잡초가 자라나는 법이다.
윌리엄 셰익스피어(William Shakespeare)

성공으로 향하는 엘리베이터는 고장났다.
당신은 계단을 이용해야만 한다. 한 계단 한 계단씩.
조 지라드(Joe Girard)

고객이 먹을 때는 즉석식품이지만,
우리가 만들 때는 즉석식품이 아니다.
안도 모모후쿠(安藤百福)

76

어두운 얼굴
보이지 마라
'기분'을 컨트롤하라

컨디션이 안 좋아 힘이 안 나는 아침도 있다. 외출하려다 부부싸움이 나는 경우도 있다. 휴대 전화나 지갑을 잃어버려 우울할 때도 있다. 가족이 입원하는 일도 있다.

맹렬한 더위에 땀범벅이 되는 날이 있는가 하면 혹한에 꽁꽁 얼어버릴 것만 같은 날도 있다. 경기가 최악일 때도 있다. 리더도 인간이기에 그런 때조차 '기분이 좋을' 수는 없다.

하지만 **부하 직원은 리더의 기분에 민감하다. 항상 얼굴색을 살핀다.** 실수를 보고해도 혼나지 않을 타이밍을 노리고, 실적이 좋지 않은 리포트를 제출할 타이밍을 살피고, 유급 휴가를 낼 타이밍을 엿본다.

최대한 리더의 기분이 좋을 때 다가오고 기분이 나쁠 때는 멀리서 지켜보는 절묘한 거리감을 유지한다.

기분이 오락가락하고 짜증이 심한 리더일수록 부하 직원은 항상 그의 희로애락에 벌벌 떨며 쓸데없이 에너지를 소모해야 하는 처지가 된다.

그런데 정작 중요한 리더 본인은 태평스럽기만 하다. 기분을 맞추어주는 부하 직원에 기대어 하고 싶은 일만하며 제 갈 길을 간다. 본인 기분에는 '둔감'한 듯하다. 이렇듯 **리더의 기분에 좌지우지되는 팀은 그 기분에 따라 사기가 오르락내리락하는 등 크나큰 영향을 받는다.**

본인 스스로 기분이 안 좋다는 사실을 자각하고 의식적으로 컨트롤할 수 있으면 괜찮다. 하지만 마치 어린아이처럼 기분파인 리더는 팀의 생산성을 올릴 수 없다.

그러니 부디 **'기분 최고'라는 이름의 최고급 슈트를 몸에 두르고 자신의 감정을 컨트롤하는 강인함을 보여주기를 바란다.** 절대 기운 빠진 모습을 보여서는 안 된다. '고민 같은 건 전혀 없으시죠?!'라는 말을 들을 수 있을 정도로 '기분 최고'인 리더를 목표로 삼아나가야 한다.

인생에는 세 개의 고개가 있다고 한다. 오르막, 내리막 그리고 '설마'라는 고개다. 현실은 마치 제트코스터처럼 오르락내리락 하고, 도저히 탈출할 수 없는 불운에 갇힐 때도 있다.

하지만 불우한 환경이나 실적 부진도 제트코스터처럼 '꺄!' 소리를 지르며 즐길 수 있다면 사태는 순식간에 해결을 향해 선순환하기 시작한다.

이러한 리더의 '강인함'에 팀 멤버는 구원받는다.

가만히 앉아만 있어도 좋다. **마음의 안정감이 중요하다. 리더는 그 어떤 순간에도 무언가에 얽매이는 '유약함'을 보여서는 안 된다.**

부하 직원은 항상 당신의 구부러진 등을 주시하고 있다.

77

머물러 있게 하지 마라
스피드와 '회전률'을 끌어올려라

하락하는 팀의 특징은 이상할 정도로 '굼벵이 체질'이라는 점이다.

'실패하면 안 돼, 실패하면 안 돼'하며 마이너스 포인트를 쌓지 않는 일을 최우선으로 여기며 우물쭈물한다.

이래서야 한결같이 수비만 해야 하는 부하 직원도 무기력해질 뿐이다.

게다가 신중파 리더는 실패한 부하 직원에게 가차 없이 원인을 추궁하고 사죄와 반성을 강요한다.

팀 내부를 꽁꽁 묶어두는 일이 매니지먼트의 진수라고 단단히 착각하고 있다.

실패를 기피하는 리더는 무슨 일이든 무난하게 처리하고 도전하지 않는 부하 직원을 높이 평가한다. '못하는 이유'를 교묘하게 정당화하는 '움직이지 않는 부하 직원'을 총애한다. 한편 도전에 실패한 부하 직원은 질책하니 팀의 생산성이 오를 리가 없다.

생산성이 낮은 부하 직원은 결코 '능력이 낮은' 것이 아니다.

그저 '행동이 느릴'뿐이다.

생산성이 높은 부하 직원이 한 달이면 해치울 수 있는 일을 두 달에 걸쳐 진행하고, 1주일이면 끝낼 일을 꾸물꾸물 2주에 걸쳐 처리한다. 또 하여간 무슨 일이든 뒤로 미루고 싶어 한다. 오늘 할 수 있는 일을 내일로 미루고, 이번 주에 할 수 있는 일을 다음 주로 미루고 싶어 한다.

팀이 큰 성과를 내기를 바란다면 차분히, 신중하게 일을 처리하기보다 속도를 높여 눈앞에 있는 해야 할 일을 한시라도 빨리 끝낼 수 있도록 부하 직원을 철저히 지도해야 한다. 부하 직원의 엉덩이를 퍽퍽 두들겨주는 느낌으로 끊임없이 일을 끝내게 만들어야 한다.

빠르게 일을 마무리했다면 다음 구호는 '자, 넥스트!', '리스타트!'다. 모든 비즈니즈에서 수익률의 핵심은 'SNS(Speed, Next, Start)'와 '회전률'이다.

부하 직원의 실패에 관대한 리더는 적극성이나 주체성을 키우는 데 열심이기 때문에 실패를 두려워하지 않고 도전하는 그들의 행동을 공평하게 평가할 수 있다.

가령 자기 행동에 소극적인 징후가 보이면 바로 감지하여 공격적인 자세로 수정할 수도 있다. 매너리즘에 빠진 시책이나 시대착오적 판매 전략이 '후퇴'를 의미한다는 사실을 잘 알기 때문이다. **진정한 도전 체질**이라 할 수 있다.

리더에게 꼭 필요한 행동 특성은 우수한 운동선수와 같은 '스피드 앤드 차지(Speed and charge, 속도와 충전)'다. 용기 내어 액셀을 밟고 스피드를 다시 올릴 수 있는 리더만이 다 이기고 위로 올라갈 수 있다.

78

말에 담긴 힘을
우습게 보지 마라
마법의 입버릇을 조종하는
'예언자'가 되어라

좋은 일도, 나쁜 일도 정말 무서울 정도로 리더가 예언하는 대로 적중한다. '리더의 말이 팀의 미래를 만든다'고 해도 과언이 아닐 정도로 리더의 말에는 마법의 힘이 깃들어 있다. 그렇다. 리더는 '예언자'다.

외국자본계열 생명보험회사의 지사장으로 데뷔했을 무렵 내 입버릇은 '이 업계에서 100명 체제의 넘버원 지사를 만들겠다'였다. 이 비전을 연호하다 보니 부임 당시에는 퇴직예비군으로 가득하던, 망해가던 40명 규모의 지사가 3년 후에는 100명 진용(이중 MDRT 회원 35명 배출) 이상의 조직으로 확대되었다.

게다가 타의 추종을 불허하는 단연 최고의 성적으로 다른 지사들을 크게 앞지를 수 있었다. 지금 돌이켜 보건대 내 말에 담겨 있던 힘이 부하 직원을 내 예언대로 움직이게 만들어준 '마법'이었던 것이 분명하다.

'업계에서 전례를 볼 수 없었던 고정급제 하이브리드 채널을 만들어

혁명을 일으키자!' 이렇게 선언하고 나 홀로 외로이, 아무것도 없는 제로 상태에서 준비에 착수했을 때도 우왕좌왕하는 사이에 동료들이 모여들더니 수백 명 규모의 직판 조직으로 성장해 나갔다. 게다가 이번에도 생산성이 높은 조직이 탄생했다.

최근 몇 년 동안 열 권 이상의 서적을 출판할 수 있었던 것 또한 평소에 끊임없이 '이도류(二刀流, 양손에 칼을 한 자루씩 쥐고 싸우는 검법으로 두 종류 이상의 일이나 물건을 자유자재로 다룬다는 뜻으로 사용되기도 한다-역주) 작가가 되겠다'고 공언해 왔기에 실현될 수 있었던, '말에 담긴 힘이 이루어낸 업적'이다.

아무래도 비즈니스 세계에는 **말의 힘으로 움직이는 자석 같은 에너지가 존재하는** 듯하다. 긍정적인 입버릇을 소리 내어 이야기하고 자기 자신도 그 말로 샤워하면 **강력한 셀프이미지가 생겨난다**. 그 다음은 뇌에 스며든 이미지대로 실행해 나가기만 하면 된다.

절대 리더가 하는 말의 힘을 우습게 보면 안 된다. **좋지 않은 예언도 두 배의 속도로 적중한다. 조심해서 다루지 않으면 섬세한 부하 직원은 움직임을 딱 멈추고 만다.** 걱정에서 나오는 불길한 발언, 부정적인 푸념, 자학적인 소재의 농담까지 다 실현되어 버리니 무서울 따름이다. 리더의 어리석은 말 한마디가 부하 직원을 궁지에 몰아넣을 수도 있다.

리더의 이상과 소망을 바탕으로 '행복한 허풍'을 많이, 많이 떨어주기를 바란다. 단 그 말에 리더의 '혼'이 담겨져 있지 않으면 아무것도 실현되지 않는다. **리더 자신의 입버릇이 진짜 실현되기까지 철두철미하게 자기 자신의 '혼'에게 이야기하고 또 이야기해야 한다.**

79

방침이 파묻히게
만들지 마라
'유행어'로 만들어
퍼뜨려라

안타깝게도 리더가 아무리 멋진 방침을 내놓아도 그것이 팀 전체에 정착되리라는 법은 없다. 그렇다고 억지로 강요한다면 역효과만 난다.

하지만 부디 포기하지 말기를 바란다. 결코 당신의 방침이 틀려서 정착되지 않는 것이 아니다. 방침을 한 번에 정착시키고 싶다면 조금 더 임팩트를 주면 된다. 그렇다. **'팀 내에 유행어를 퍼뜨리는'** 마법과도 같은 장치다.

오래 전 내가 영업 매니저였던 시절 다음과 같은 '유행어'가 난무했다.

'홉, 스텝, 네기브!' 특히 '네버 기브업'을 줄인 '네기브'는 팀의 유행어가 되어 일세를 풍미했고 포기하지 않는 풍토가 뿌리를 내렸다.

'감동 세일즈'도 정착되었다. '보험이 아니라 감동을 팔아야 한다!' 조례에서 이렇게 외치고 기세 좋게 현장으로 뛰어나가는 부하 직원들의 모습을 보며 나 또한 감동을 받곤 했다. '상품이 아니라 판매 방식을 팔아라!' 이 유행어는 영업 스타일을 소개 중심으로 진화시켰다.

'보험은 마법, 우리는 마법사다!' 이쯤 되면 이미 세뇌의 세계다.

내가 끊임없이 '10관왕, 10관왕'을 외쳐대자 급기야 부하 직원들이 그 심볼이 될 만한 '10관왕 깃발'을 만들어 주었다. 그리고 정말 전국 콘테스트 열 개 주요 항목 모두에서 1위에 빛날 수 있었다. '드리프레의 신'이라는 말은 꿈(Dream)을 선물(Present)해 주는 신이 있다는 '계시'가 되어 팀 내에 퍼져나갔다. 꿈이나 소원을 명확하게 그리면 현실이 된다는 기본적인 성공 법칙이다.

편지를 쓰거나 세심하게 배려할 줄 안다는 뜻의 '성실군'이라는 명칭도 한때 유행했다.

'리스크뮤니케이션'은 마지막 한 발을 내딛지 못하는 영업 사원을 위해 미움 받기를 두려워하지 말고 위험(Risk)을 감수하며 커뮤니케이션(Communication)을 하라는 의미의 조어다.

입으로만 이야기하고 행동하지 못하는 부하 직원에게 붙이는 '거짓 포지티브'나 '뻥이야 신념' 등 서로가 서로를 훈계하는 듯한 유행어도 생겨났다. 또 주위 환경이나 다른 사람 탓을 하는 사람을 '남탓병 환자', 자기가 행동하고 있다고 착각하는 사람을 '생각병 환자'라고 부르기도 했다.

이 모든 유행어를 만들어낸 사람이 바로 리더인 '나'였다.

리더의 방침을 추진시켜줄 '말에 담긴 힘'이 팀의 독창적인 캐치프레이즈로 진화해 나갈 수 있다면 결국 마음을 울리는 '팀의 유행어'가 되어 하나, 둘 정착되어 간다. 그리고 이것이 '팀의 문화'를 만들어간다.

80

'사기'를
떨어뜨리지 마라
노래하고 춤춰라

내가 오랫동안 실천하면서 **엄청난 효과를 본 트레이닝 중 하나로 '감사 100초 스피치'라는 조례 코너**가 있다. 그날 아침 선택된 몇 명의 멤버가 최근 일어났던 즐거운 에피소드나 굿 뉴스에 대해 50초, 오늘 일어나 주었으면 싶은 멋진 일에 대해 50초, 총 100초 동안 '감사 스피치'를 한다. 아직 일어나지 않은 오늘 일에 대해서도 '~하는 일이 있었습니다' 등과 같이 '과거완료형'으로 끝까지 말해야 하는 룰이다.

혹독한 비즈니스 세계에서는 어려움이나 사건사고가 끊임없이 엄습해 온다. 덕분에 스트레스가 가득하다. 매일매일 좋은 일만 찾아내어 이야기하기가 너무 어렵다.

그렇기에 **일상생활 속 당연한 행복이나 불행한 사건 속에 숨어있는 교훈을 긍정적인 해석으로 캐치하여 감사의 스피치로 바꾸어 나가야** 한다. 감사 스피치는 바로 이를 위한 트레이닝이다. 그 결과 부하 직원들 서로가 서로에게 긍정적인 영향을 미치고, 팀이 플러스 방향으로 호전되어 가는 효과가 있었다. 게다가 누가 스피치를 하게 될지는 당일 아침까지 모르기 때문에 모두가 매일 아침 '좋은 일'에 대해 생각하고 마음의 준비를 해두어야 한다. 덕분에 생각이 하루하루 건강해진다.

처음 시작했을 당시에는 그저 손을 들기만 하면 발표 기회를 주는 룰이었다. 그러다 서서히 일어나서 손을 들고, 큰소리를 외치며 손을 휘젓고, 높게 점프하고, 춤을 추며 방방 뛰고, 원숭이 흉내를 내며 손을 드는 등 요구 수준을 높여갔다. 아침부터 팀 멤버 전원이 '우끼끼끼'하며 떠들썩하게 웃고 떠드는 모습은 상상조차 할 수 없으리라.

그러다 점점 열기가 뜨거워져 원숭이 흉내에서 시작하여 고릴라, 코끼리, 닭, 나아가 안토니오 이노키(레슬링선수), 와다 아키코(가수), 시무라 켄(코미디언) 등으로 진화되어 갔다. 설마 나이 먹을 만큼 먹은 금융기관 사람들이… 하고 생각할지도 모른다. 그러나 진정 실화다.

단연 톱이었던 팀 실적도 한몫하여 이 감동 스피치는 전 회사에서 화제가 되었다. 본부 스태프가 비디오카메라를 들고 와 취재해 갔을 정도다.

이렇게 소리를 내면서 몸을 움직이면 쾌락 물질이 몸 전체를 훑고 지나가고, 그러면 신기하게도 에너지가 넘쳐흐른다. 기세를 타고 파도에 올라탄 멤버들에게 더는 무서울 것이 없다. 신나는 조례 효과 덕분에 점점 기세를 올리던 우리 영업팀은 전체 회사 평균의 세배에 달하는 생산성을 올리는 단연 1위의 챔피언 팀으로 성장했고, 하와이 컨벤션 골드 프라이즈까지 거머쥐었다. 이 모두 틀림없는 사실이다.

81

단점을 보지 마라 '베스트 100'을 써내려가라

지금 당장 '부하 직원의 좋은 점 베스트 100'을 작성하길 바란다.

이 리스트에는 리더와 부하 직원과의 관계를 끈끈한 유대감으로 묶어주는 '마치 마법과도 같은 힘'이 있다.

팀 멤버 중 한 사람씩, 일단은 가장 신뢰 관계를 돈독히 하고 싶은 부하 직원부터 시작하면 된다. '금이 가기 시작한 관계를 되돌리고 싶은' 부하 직원부터 시작해도 좋다.

부하 직원의 **마음에 드는 점, 장점이나 강점, 기뻤던 말이나 행동 등을 한 가지씩 머릿속에 떠올리며 '베스트 100'을 작성**해 본다. 그리고 완성된 리스트를 메일로 보내거나 편지로 써서 건네 보기를 바란다.

부하 직원의 생일에 리스트를 보내고 선물인 꽃다발에 그 마음을 담는다. 실패로 축 처진 부하 직원에게 보내어 힘을 북돋아 준다. 첫 날 격려의 의미를 담아 멤버 전원에게 보낸다. 부하 직원에게 크리스마스

카드나 연하장이 도착하는 날 메일로 리스트를 보내어 더 큰 행복을 준다. 이처럼 절호의 타이밍을 노려 전달하면 당혹감을 누그러뜨릴 수 있을 뿐 아니라 연출 효과도 높아진다.

'100개나 칭찬하기는 힘들다', '열 개 정도는 생각이 나는데' 하며 뒷걸음질 칠지도 모른다. 하지만 베스트 10정도로는 어중간하다. 효과도 약하다.

'베스트 100'이기에 임팩트가 있고 서프라이즈 효과도 있다.

이 정도 되면 칭찬하는 행위도 부하 직원의 **기대치를 훨씬 뛰어넘는다. 상상조차 못한, 리더가 보내는 '인정 폭풍'**이다.

'대박!'부터 '감격, 감격, 또 감격입니다' 같은 반응까지 숫자 그대로 '100배'는 더 기뻐해준다.

하지만 이는 그다지 중요하지 않다. 뭐니 뭐니 해도 베스트 100이다. 좋은 점만 항상 집중해서 관찰해야 하니 나쁜 점은 눈에 보이지도 않는다. 인간의 장점과 단점은 종이 한 장 차이다. 부하 직원의 좋은 점 **백 가지를 칭찬하는 최대의 효과는 '그들의 결점까지 사랑할 수 있게 된다'** 는 데 있다.

당신은 아직 부하 직원의 진정한 좋은 점을 깨닫지 못하고 있다. 베스트 100 도전을 통해 비로소 깨닫게 되는 부하 직원의 '장점'에 깜짝 놀라고 그들을 바라보는 시선이 바뀔지도 모른다. 이제까지 부하 직원의 결점을 지적하는 매니지먼트를 당연시하던 리더도 앞으로는 그들의 장점만 관찰하는 매니지먼트로 바뀌어 가리라.

이를 통해 리더의 지도력도 '100배'는 더 진화된다.

82

긴장을 늦추지 마라
마음을 '써라'

부하 직원의 마음을 확 휘어잡고 놓치고 싶지 않다면 궁극의 '성실함'만 한 것이 없다.

내 본명은 '하야카와 마사루' 하지만 통칭 '하야카와 마메루(마메, 성실함)'라 불려왔다. 그렇다. 그 정도로 성실하다. 이 '성실함'이 나의 리더 인생에 얼마나 유리(Advantage)하게 작용했는지 다 헤아릴 수 없을 정도다.

내 지론상 궁극의 성실함에는 세 가지 포인트가 있다.

첫째 '충성심'

둘째 '리액션'

셋째 '독심술'

첫째 '충성심'의 경우 본래는 부하 직원이 조직이나 리더에게 보여야 할 것이다. 하지만 이제는 반대로 리더가 부하 직원에게 '충성'을 다하길 바란다.

그렇다고 알랑거리며 부하 직원을 추켜세우라는 말은 아니다.

리더로서의 위엄은 그대로 유지하면서 최대한 '어떤 요청이나 고민이든 다 들어주겠다'는 자세를 보이라는 말이다.

실제로 부하 직원의 응석을 다 받아준다면 큰일난다. 하지만 의지할 수 있는 리더가 아니던가! **최대한 그들의 요청 사항에 부응하는 모습을 보여 신뢰를 손에 넣기를 바란다.**

둘째 '리액션'은 빠른 반응으로 시작되는 일련의 행동이다.

'말뿐인 리더'가 제일 미움받는다. 따라서 그 정반대의 모습을 '행동'으로 보여준다. 무엇보다 **그 즉시 해결책을 제시하고 부하 직원의 실패는 신속하게 복구(Recovery)해 주어야 한다. 그리고 어떤 불복이나 이의에도 진지하고 신속하게 대처해야** 한다.

셋째 '독심술'은 항상 부하 직원이 무엇을 생각하고 바라는지 그 마음을 읽는 습관을 들이는 일이다.

간지러운 곳을 긁어주는 '앞서 가고 앞서 가는' 오모테나시(Hospitality)야말로 성실한 리더의 진면목이라 할 수 있다.

이 세 가지 포인트를 의식하여 **부하 직원의 '기대치'를 어떻게 뛰어넘을 수 있느냐?** 여기에 모든 것이 달려 있다. 그들의 기대치를 뛰어넘고 또 뛰어넘는 만큼 리더에 대한 신뢰도 지수는 높아진다.

'이렇게까지 해 주는데, 어떻게 리더의 기대에 부응하지 않을 수 있겠어?!' 부하 직원이 이렇게 생각할 때까지 끝까지 성실한 리더이길 바란다.

83

썰렁한 분위기를 만들지 마라
'웃길 수 있는' 엔터테이너가 되어라

나를 '신'처럼 무서운 사람이라고 생각하는 사람도 있을지 모른다. 하지만 나의 매니지먼트 스타일을 한마디로 표현한다면 '엔터테인먼트성'이라 할 수 있다. 정말 처음부터 끝까지 팀 멤버들을 즐겁게 만들어 왔다.

그렇다.

나는 팀 멤버들을 웃겨 왔다.

부하 직원을 즐겁게 해주겠다는 서비스 정신 아래 항상 그 자리의 분위기를 띄우는 엔터테이너로 살아 왔다.

그렇기에 멤버들은 나를 '재미있는 사람', '언변이 뛰어난 사람', '힘이 넘치는 사람'이라고 평가한다. 하지만 어렸을 적 나에 대한 평가는 '소극적인 아이', '성실한 아이', '말이 없는 아이'였다.

유머 센스나 탁월한 토크 스킬은 결코 천부적인 재능이 아니다. **남**

을 웃기기 위해 거듭 노력하고 '절대 실패하지 않는 화술'을 갈고닦아 내 자신을 끊임없이 개혁해 왔다.

남을 웃게 만드는 일이 얼마나 중요한지는 내가 멤버들을 웃게 만들수록 팀이 크게 성장하고 발전해 왔다는 역사가 증명해준다. 부하 직원들을 즐겁게 만든 덕분에 우리 팀은 여러 상을 잇달아 수상할 수 있었다. 나 또한 엄청난 속도로 승급하고 승진할 수 있었다. 그야말로 웃음이 끊이지 않는 리더 인생이었다.

'다른 사람을 웃기기 위해' 노력하고 또 노력한 결과 팀 내에 나를 따르는 팬들이 늘어났고 더 강력한 응원단이 결성되었던 것 같다. 역시나 리더는 인기를 파는 직업이다. 얼마나 많은 부하 직원이 협력자가 되어 리더를 지원해 주느냐, 이것이 팀 번영의 관건이다.

물론 그들을 웃기기만 하는 것이 서비스 정신은 아니다. 하지만 **'부하 직원들이 즐거웠으면 좋겠다'와 같은 '오모테나시 정신'없이는 부하 직원이 당신을 위해 움직여줄 일도 없다.**

그러니 당신도 항상 '부하 직원을 얼마나 즐겁게 해주었는지' 신경 써야 한다.

만약 남을 웃길 기술도 없고 그런 캐릭터도 아니라며 저항감이 든다면 일단 **부하 직원을 향해 미소를 지어보이도록 하자.** 분명 눈앞의 부하 직원도 당신의 미소에 이끌리듯 웃어 주리라. **웃음은 전염**되기 때문이다.

부하 직원을 대할 때는 항상 '자신이 지금 미소 짓고 있는지' 의식하길 바란다. 무리해서라도 웃어 보이면 팀 안에 서서히, 마치 꽃밭에 핀 꽃들처럼 '웃음꽃'이 흐드러지게 피어나지 않을까?

84

인색하게 굴지 마라

번 돈은 부하 직원에게 '환원'하라

인색한 에고이스트 리더는 성공하지 못한다. 부하 직원들은 그를 '쩨쩨한 사람'이라며 경멸하는 눈으로 바라본다. 그렇다. 돈의 망자는 부하 직원에게 미움 받는다. 살아 있는 돈(또 다른 사람을 위해 쓰는 돈이라는 뜻)을 잘못 쓰면 팀 멤버 중 누구 하나 따르지 않는 고립무원의 하루하루가 기다린다.

리더 정도 되면 보통 부하 직원보다 수입이 많다. 수입이 늘어나 살짝 부자가 되기 시작한 그때야말로 리더로서의 자질이 시험대에 오른다.

물론 절제나 절약을 나쁘게 생각하지는 않는다. **오히려 절약하는 사람은 돈의 가치를 제대로 볼 줄 아는 인격자**라고 할 수 있다. 그렇기에 절약을 부정하는 건 절대 아니다. 하지만 살아 있는 돈을 멤버들에게 환원하지 않고 쩨쩨하게 사리사욕을 채우기 시작한다면 팀은 부패하기 시작한다. 그리고 그 인생 또한 썩어간다.

돈도, 인생도 이를 잘 활용해 주는 사람에게 더 많이 모인다는 법칙이 있다. 따라서 **번 돈을 아낌없이 부하 직원에게 환원하기를, 쩨쩨하게 굴지 말고 팀에 투자하기**를 권한다. 가령 유명한 외부 강사를 초빙하여 세미나를 열고, 이거다 싶은 좋은 책을 대량으로 구입하여 부하 직원들에게 나누어주고, 부하 직원 가족에게 축하할 일이 생기면 거르지 않고 선물을 보내는 등의 '팁'을 준다.

한편 허세 가득하고 씀씀이 큰 낭비는 절약보다 더 질이 나쁘다. 자기중심적인 낭비는 파멸을 초래하고 만다.

예전에 외국자본계열 생명보험회사 시절 동료 리더들 중에 고급 외제차를 타고 고가 브랜드의 손목시계를 차고 '호사를 부리던' 친구들도 있었다. 하지만 그 대부분은 영고성쇠(榮枯盛衰)라 했던가! 어느 샌가 모습을 감추고 말았다. 참고로 나는 저렴한 패밀리 카를 리스로 계약하여 타고, 스마트폰을 시계 대용으로 사용한다. 사치스러운 삶이 나쁘다고 생각하지는 않는다. 돈으로 동기부여를 하는 것도 아주 좋다. 리더의 '성공한 모습'을 가까이에서 지켜본 부하 직원이 이를 동경하여 '저렇게 멋진 리더가 되고 싶다'는 목표를 세워준다면 이 또한 좋다.

하지만 그것이 **자기만족에 취했을 뿐인 추악한 낭비라면 부하 직원의 모티베이션은 오르지 않는다. 대부분은 '질투'하는 마음으로 변하고, 마음 또한 떠나간다.**

낭비와 투자의 차이, 인색과 절약의 차이, 이는 밝은 미래가 기다리고 있느냐 없느냐의 차이다. 만약 판단하기 어렵다면 리더인 당신의 '금전감각'에 팀 멤버가 어떤 평가를 내릴지 곰곰이 '성찰'해 보길 바란다.

85

'피곤한 모습' 보이지 마라 공격적으로 계속 달려라

꾸물꾸물한 자리에 머물러 있는 팀의 현재 상황을 신속하게 타개해 나가려면 활동적인 체질로 개선하려는 리더의 행동력이 필요하다. 자기 자리에 앉아 꼼짝도 하지 않고 컴퓨터만 노려보며 하루하루를 보내고 '그저 참고 인내하기'만 한다면 스트레스는 계속 쌓여갈 뿐이다. 심신의 건강 또한 좀 먹힐 뿐이다.

지금 당장 '숨은 비만 체질 리더'의 메타볼릭 신드롬(Metabolic syndrome, 대사증후군)을 개선해 나가지 않으면 '생사가 갈린다'는 위기감을 가지길 바란다. 발놀림이 둔한 '만년 다이어터'로부터의 탈피야말로 V자 회복이 필요한 리더에게 주어진 최대 과제다.

리더인 당신이 '피곤한 모습'을 보였기 때문에 지금 현재 팀이 침체된 것은 아닐까? 부하 직원에게는 절대 피곤한 모습을 보여서는 안 된다.

그렇다고 문제를 마냥 끌어안고 있으면 점점 더 '움직이지 못하게 될 것이' 분명하다. 일단은 무리하지 말고 누구나 쉽게 할 수 있는 적당한 '운동'부터 시작해 보면 어떨까? 그 정도로 충분하다.

일상생활 속 작은 행동을 습관으로 만들어나가길 바란다.

예를 들어 나는 젊었을 때부터 쭉~지금까지 항상 유념해 온 운동이 있다.

바로 '전력을 다해 빨리 걷기'와 '단숨에 계단 뛰어 올라가기'다. 언제, 어디서나 쉽게 할 수 있는 운동이다.

'빨리 걷기'와 '계단 오르기'는 스포츠로 땀을 흘릴 시간을 확보하기 어려운, 바쁘디 바쁜 내가 출근길이나 외근으로 이동하는 중에도 할 수 있는 아주 효과적인 운동이다. 지하철 역 홈이나 사무실이 있는 빌딩을 올라가거나 내려갈 때 에스컬레이터나 엘리베이터를 이용하지 않고 계단을 뛰어 올라가고 내려오는 습관을 들였다.

또 출퇴근할 때는 한결같이 경보하는 느낌으로 많은 사람들을 제쳐 가며 빨리 걸었다.

아무래도 '전력을 다해 빨리 걷고', '계단을 단숨에 뛰어 올라가는' 행동은 쾌락물질을 활성화시켜 모티베이션이 올라가고 반응 속도 또한 빨라지게 만들어 팀 실적의 '빠른 상승'으로 이어지는 듯하다.

일단 리더가 본보기를 보여 멤버들에게 좋은 영향을 미친다면 팀 전체적으로도 '더 높은 곳'을 향해 성공의 계단을 단숨에 뛰어 올라가는 '액션 스타'가 속속 등장할 터이다.

매일매일 공격적으로 뛰어 올라갈수록 팀 실적도 쭉쭉 올라간다. 팀 멤버들이 민첩하게 움직이느냐 아니냐는 당신의 행동에 달려있다.

86

늙지 마라
'겉모습'도 갈고닦아라

몸과 마음의 건강 상태는 겉모습에 드러난다. 리더가 되는 자여, 외관상의 세련된 몸가짐은 물론 마음의 멋(Dandyism)과 고상함(Elegant)도 유지하길 바란다.

폭음 폭식을 반복하는 리더의 인생은 파란만장하다. 가령 한때 성공한다 하더라도 팀의 실적은 오르락내리락을 반복하다 결국은 추락하고 만다.

매일 밤 쾌락을 추구하며 향락에 빠져 산다면 애당초 리더 실격이다. 헤비 스모커(Heavy smoker)는 두말할 나위도 없다. 이런 행동을 '스트레스 해소도 업무 중 하나'라고 정당화하며, 자기 자신에게 핑계를 대고 있을 때가 아니다.

까칠한 피부, 퉁퉁 부은 얼굴, 제멋대로 자라난 수염에 덥수룩한 머리, 피곤에 찌든 그 모습은 실제 나이보다 훨씬 더 늙어 보이지 않겠는가? 건강에 주의하지 않는 생활이 지속되면 몸이 망가져 병에 걸리고, 돈을 낭비하는 생활이 지속되면 생활 설계도 뜻대로 되지 않는다.

이처럼 방종한 생활습관은 유약함에서 오는 일종의 마약 중독이다. **'자신을 소중하게 여기지 않는', '무책임함'이 심층 심리에 숨어 있다**는 사실을 알아야 한다.

그렇게까지는 생활이 흐트러지지 않은 품행방정한 당신이라도 만일에 대비하여 영양 면에서 균형 잡힌 식생활을 유지하고 있는지 한번 점검해보기를 바란다. 운동 부족도 있겠지만, 메타볼릭 신드롬의 주된 원인은 '과식'이다. 혹시 편의점이나 체인점의 정크 푸드에 편중된 식생활에 빠져 있지는 않은가?

영양의 균형은 마음의 균형이라고도 할 수 있다.

나는 아침밥의 경우 건강에 좋은 식단을 고집한다. 점심에도 되도록 칼로리가 적은, 직접 싼 도시락을 먹는다. 그리고 저녁에는 당질을 제한한 다이어트 메뉴를 먹는다. 간을 쉬어주는 날도 정해 두었다.

덕분에 50대에 들어선 지금도 매해 인간독에서 'all A' 판정을 받는다. 남들이 실제 나이보다 훨씬 젊게 봐주는 일도 종종 있다.

이상을 포기한 순간부터 인간은 늙어간다. 그러니 **절대 '자신'을 포기하지 말기를 바란다. 이는 '부하 직원을 위해서'이기도 하다. 선망의 대상이 되는 눈부신 리더로서 생기 넘치는 에너지를 뿜어내며 그들에게 힘과 활력을 선사해야 한다.**

'내 모습이 이랬으면 좋겠다' 등과 같은 이상을 포기하지 말아야 한다. 그렇다. 겉모습은 물론 마음도 마찬가지다.

87

밤의 유혹에
빠지지 마라
'일찍 자고 일찍 일어나'
돈을 긁어모아라

가장 장수할 수 있는 수면 시간은 일곱 시간이라는 설이 있다. 물론 이 때문은 아니지만, 나 또한 질 좋은 수면 시간을 적어도 일곱 시간 정도는 확보할 수 있도록 노력해 왔다. 리더로서 일찍 자고 일찍 일어나는 일은 신의 습관 중에서도 가장 기본이 되는 그야말로 황금 규율이다. 잠이 부족해 흐리멍덩해진 사고 회로로 질 높은 의사 결정 따위 가능할 리가 없다.

무엇보다 아침 시간에는 업무가 척척 진행된다. 효과적인 경영 전략이나 참신한 아이디어도 솟아오르기 쉽다. **이른 아침이 맑디맑은 뇌를 이용할 수 있는 골든타임**이라는 사실은 지금 여기서 군이 역설하지 않아도 이미 당신 스스로 충분히 실감하고 있으리라.

완전 성과급제(Full commission) 세일즈 매니저로서 이십 몇 년 동안 해마다 수천만 엔 이상의 보수를 받을 수 있었던 요인이 바로 여기에 있다. 늦은 밤 '지금 자면 시간이 너무 아까운데', 이른 아침 '지금 자두 지 않으면 시간이 아까워'와 같은 **찰나의 집착을 털어내고 규칙적으로 일찍 자고 일찍 일어나는 습관으로 바꾼** 덕분이다. '일찍 일어나면 서 푼의 득(거지도 부지런하면 더운밥을 얻어먹는다)'이 아니라 '**일찍 일어나면 3억 엔의 득**'을 보는데 어떻게 멍하니 늦잠 잘 수 있겠는가!

우리 집에는 딸이 세 명 있다. 그런데 이 딸들에게는 크게 울려 퍼지는 알람 시계의 소음도 마치 자장가처럼 들리는지 아침에 웬만해서는 일어나지 못했다. 이 나쁜 습관을 어떻게든 고쳐보려고 아침마다 딸아이들 방에 들어가 너털웃음을 지으며 '자, 오늘 하루도 좋은 일이 있을 거야!' 하고는 창문 커튼을 호쾌하게 열어젖혔다. 그랬더니 그 즉시 딸아이들의 학교 성적이 쑥쑥 올라가기 시작했다.

가족은 물론 직장 동료들도 아침에 일찍 일어나는 습관으로 끌어들였다. 예전에 외국자본계열 생명보험회사의 시나가와 지점장으로 있을 때 월요일 매니저 회의를 '이른 아침인 6시 반'에 개최한 적이 있다. 편의점에서 사온 아침밥을 모두 함께 나누어 먹으며 철저하게 의견을 나누었다. 이 회의에서 나온 혁신적인 전술 덕분에 밑바닥을 전전하던 지사가 하와이에서 표창을 받을 정도로 급성장을 이루어 냈으니 정말 **일찍 자고 일찍 일어나는 습관의 '효능'은 어마어마하다.**

아침에 일찍 일어나는 습관을 들이는 방법은 아주 간단하다. 철저하게 '일찍 자는' 수밖에 없다. 따라서 앞으로는 아무리 잘 어울리지 못하는 녀석이라고 매도당할지라도 아주 의미 있는 모임이 아닌 이상 **밤늦게까지 이어질 초대는 반드시 거절**해야 한다.

88

'알코올'에
의존하지 마라
맨정신으로 지휘하라

매일같이 밤거리로 부하 직원을 거느리고 나가 마치 두목이라도 된 양 여기저기 술을 마시러 다니는 갈지자걸음의 리더가 있다. 흔히 말하는 '노미니케이션(술을 마신다는 뜻)'을 너무나도 좋아하는 리더다.

사실 부끄러운 이야기지만, 아직 어리고 미숙했던 시절 나 또한 노미니케이션이 팀 경영에 효과적이라고 믿었던 때가 있다.

하지만 **'노미니케이션'의 빈도와 실적 향상은 전혀 비례하지 않는다**는 원칙을 씁쓸한 경험을 통해 배웠다.

지금 생각해보면 나를 위한 '일시적인 위안'에 불과했다.

다 생각해서 하는 말이다. 진정으로 팀의 생산성을 올리고 싶다면 술자리는 가급적 줄이는 편이 현명하다. 부하 직원이 숙취로 힘들어할 정도로 먹여 놓고 '일을 잘 하라'니, 이는 모순이다.

때로는 스트레스를 해소하고 팀의 친목을 도모하는 일도 중요하리

라. 나도 즐거운 이벤트를 부정할 정도로 꽉 막힌 사람은 아니다. 하지만 **'노미니케이션이 효과적인 전략'이라고 믿어 의심치 않는 리더가 있다면 어리석다고 이야기하지 않을 수가 없다.**

분명 술자리는 흥이 달아오른다. 알코올의 힘은 정말 어마무시하다. 평소에는 얌전하기만 하던 멤버가 마치 딴사람이라도 된 듯 목표필달(目標必達)을 선언한다. '리더를 위해서라면 목숨까지 내 놓겠다'고 눈물을 흘리며 절규하는 부하 직원도 등장한다. 술병을 품에 안은 만년 계장이 하룻밤 만에 '연회 부장'으로 2계급 특진하는 케이스도 있다. 노래방에 가면 모두가 넥타이를 머리에 두르고 '내일이 있어', '행복해지자' 등을 떼창하기도 한다.

부하 직원의 사기가 좀처럼 오르지 않아 고민인 리더에게는 '꿈만 같은 세계'다.

하지만 안타깝게도 **술이 깨는 동시에 현실 세계로 돌아오고 만다.** 그 현실에는 '내일'도 없고 '행복'도 없다. **그때뿐인 모티베이션에 속으면 안 된다.** 유감스럽게도 아무리 2차, 3차 데리고 다녀도 남는 것은 '청구서'와 '술 냄새'뿐이다.

만약 사무실 밖에서 부하 직원과 커뮤니케이션을 하고 싶다면 스타벅스에서 하는 **'카페니케이션'만으로도 충분하다.** 만 원을 내면 두 사람이 마시고도 거스름돈이 남고, 하물며 시간도 단축할 수 있다. 이 얼마나 건전한가!

'노미니케이션'에 의지하지 않는 '논 알코올 리더'만이 올바른 정신으로 일하는 진정한 팀을 만들 수 있다. 부디 맨정신으로 지휘하라.

89

'면역력'을 떨어뜨리지 마라 목표라는 예방 백신을 접종해라

리더도 인간이기에 항상 건강할 수는 없다. 감기에 걸려 고열로 몸져 누울 때도 있고, 큰 부상으로 입원하게 되어 마음이 울적할 때도 있다.

그런데 이렇게 리더가 쓰러질 때마다 귀중한 시간과 기력이 사라지고, 팀의 실적 또한 병들어 간다.

그렇다. 멤버도 함께 쓰러지고 만다.

이때 이는 피할 수 없는 불운이었다며 포기하고 푹 쉬면서 '다음에는 정신 똑바로 차리자' 하며 뻔하디 뻔한 예방책을 거듭 강조하는 것만으로 충분할까? 또 부하 직원을 지도할 때도 '감기나 부상은 어쩔 수 없지' 하며 너그러이 봐주면 될까?

분명 '단 한 번도 병에 걸리거나 부상당한 적이 없는' 불사신 같은 철인은 나 또한 본 적이 없다. 슈퍼맨처럼 될 수 없는 것이 현실이다. 아마 멤버 한 사람 한 사람도 '우연치 않게' 병이나 감기에 걸렸다고 생각할지 모른다.

하지만 아니다. 그들이 감기로 쉬는 것은 우연이 아니다. 무사고인 부하 직원이 계속 무사고일 수 있는 데는 엄연한 이유가 있다.

병은 부하 직원이 건강하지 못한 생활을 반복하다 보니 면역력이 떨어져서 걸리는 것이다. 부상은 부하 직원의 집중력 저하에 따른 부주의 때문에 발생하는 것이다. 그렇다면 어쩔 수 없다고 여겨졌던 건강조차도 정신력 상태에 따라 컨트롤할 수 있다는 말이 된다.

강인한 '신과도 같은 정신력'을 손에 넣으려면 도대체 어떻게 하면 좋을까?

항상 마음속 스크린에 '명확한 목표'를 그려 놓아야 한다.

목표를 향해 나아갈 때의 면역력은 컨디션 불량 따위 얼씬도 못하게 만든다. 목표를 향해 나아갈 때의 집중력은 무심코 일어나는 사고 따위 얼씬도 못하게 만든다.

부하 직원이 실현 가능한 작은 목표를 끊임없이 설정하게 만들고, 그 목표들이 완전히 스며들게 만든다. 항상 목표의 결과물을 내놓게 만들고, 그 과정을 끊임없이 피드백 해준다. 나아가 목표를 주위 동료들과 공유하게 만들고, 이를 공개하여 눈에 보이게 만든다.

이처럼 **바이러스나 주의산만을 떨쳐낼 수 있는 '목표라는 예방 백신'을 계속해서 접종해 주기 바란다.** '목표물을 향해 돌진하는', 몸과 마음 모두 알토란같은 부하 직원은 병이나 부상 따위와 아무런 연이 없다.

물론 리더인 당신의 '목표달성의욕'과 '면역력'의 상관관계도 이와 똑같다.

무리에 영합하지 마라
'고독'을 즐겨라

생트집만 잡아 대는 상사와 아무리 피리를 불어도 춤추지 않는 팀 멤버, 그 사이에서 지옥과도 같은 나날을 보낼 때면 **'나는 이 지구상에서 외톨이다, 내 편은 아무도 없다'**는 생각이 들 정도로 고독한 마음에 휩싸일 때가 있다. 그야말로 영원히 변하지 않는 중간관리직의 비애다.

그렇다고 리더가 '외톨이'를 견디지 못하고 부하 직원에게 영합하기 시작하면 위험하다. 이렇게 되면 팀을 통솔해 나갈 수가 없다. 리더십이 결여된 팀에는 '리더의 부재', 즉 중심 기둥을 잃은 팀의 붕괴만이 기다리고 있을 뿐이다.

인간으로 태어난 이상 당연히 고독은 힘들다. 하지만 누가 무슨 말을 하든 **고독해지기를 두려워하지 않고 '고독한 신'이 되어 팀을 통솔해 나**간다, 이것이 바로 리더의 역할이다.

이때 리더로서의 '각오'가 시험대에 오를 수 있다. **리더는 '고독'과 운**

명을 같이 하는 대가로 높은 급여를 받고 있다고도 표현할 수 있다.

언젠가 리더로서의 존재 의의를 잃고 '고립'되어 갈 바에야 처음부터 '고독'을 즐기면 되지 않겠는가?

'고독한 회의'를 즐겨보기를 바란다. 아무도 방해하지 않는 이른 아침 은신처 같은 카페에서 그 누구의 의견에도 흔들리지 않고 독창적인 전략을 짜내 본다.

'고독한 독서'도 자기 자신과 마주할 수 있는 최고의 시간이다.

적어도 1주일에 한 권은 좋은 책과 마주하길 바란다. 지금까지 책은 나의 스승이자 멘토였다. '내가 가는 모든 길'은 다 책이 제시해 주었다.

'고독한 워킹'을 하면 의욕이 생겨난다. 걸으면 걸을수록 도파민이 분비되어 '수준 높은' 사고를 만들어내고 혁신적인 아이디어도 번뜩이게 만들어준다.

'고독한 시네마'도 의미 있다.

마음을 뒤흔드는 감동적인 영화는 혼자 보는 편이 제일 좋다. 때로는 닭똥 같은 눈물을 뚝뚝 흘리며 마음속 앙금을 씻어 내는 시간이 필요하다.

'고독한 헌혈'도 추천하고 싶다.

반년이나 분기별 같은 전환점마다 조용한 헌혈 센터에서 자기 자신을 칭찬해 주고, '피를 바꿔주며' 명상한다.

진심으로 '고독의 의미'를 이해하게 되었을 때 비로소 부하 직원에 대한 '애정'이 생겨난다. 부디 당신도 고독을 두려워하지 말고 자기 자신과의 대화를 즐겨보기 바란다.

91

컴퓨터만 노려보지 마라
철저히 '디너쇼 경영'을 펼쳐라

우리 업계에는 예전부터 '디너쇼 경영'이라는 말이 있다.

일단 진짜 디너쇼를 머릿속에 떠올려 보기를 바란다.

콘서트장과는 달리 호텔의 대연회장(Banquet hall)은 관객과의 거리가 가깝다. 아티스트는 마이크를 잡고 열창하면서 테이블 사이를 누비며 다닌다. 악수를 하기도 하도 관객에게 마이크를 넘겨 듀엣을 할지도 모른다.

이렇듯 보는 사람의 마음을 뜨겁게 뒤흔드는 압도적인 퍼포먼스는 그 공간을 감정으로 물들여 간다.

그렇다면 리더는 어떨까? 아마 대부분의 리더는 자기 자리에서 거드름을 피우며 앉아 있고, 부하 직원이 '보고하고, 연락하고, 상담할 일'이 있을 때마다 그의 자리나 방을 찾아가는 것이 일반적인 패턴이 아닐까?

하지만 이렇게 부하 직원과 필요 최소한의 이야기만 나눈다면 커뮤니케이션이 부족해지고 만다. 정례회의나 미팅 이외에 따로 커뮤니케이션을 하지 않는다면 친밀도와 귀속 의식은 물론 의욕도 끌어올릴 수 없다.

그 누구도 들어서는 안 되는 밀담은 그렇다 치더라도 부하 직원에게 무언가 할 이야기가 있을 때는 '호출하지' 말고 직접, 적극적으로 그들 자리로 찾아가 의자를 옆에 두고 마주보며 열심히 말을 걸어주기 바란다.

때로는 아무런 용건이 없을 때도 **부하 직원 주위를 빙빙 돌며 커뮤니케이션할 기회를 엿본다.** 아무렇지 않게 말 한마디 걸어주는 것만으로도 부하 직원은 마음 써준 리더에게 기뻐하고 감동한다. 센스 있는 농담으로 분위기를 풀어 주는 것도 좋다. 아재 개그가 안 먹히면 안 먹히는 대로 귀엽다. 그렇다. 이것이 바로 **리더가 실천해야 할 '디너쇼'**다.

마치 디너쇼를 하듯 부하 직원을 살피고 다니다 보면 일상적인 사무실 안에서 평소와 다른 풍경이 보이기도 하고, 더 큰 '문제'를 발견할 수도 있다.

이제 더는 자기 자리에 앉아 컴퓨터만 노려보고 있을 때가 아니다. 리더와 부하 직원 사이가 **삐걱거리는 최대 요인은 커뮤니케이션 부족이다. 좀더 이야기하자면 스킨십 부족이다. 아직도 대화가 부족하고, 접촉이 부족하고, '부하 직원에 대한 사랑'이 부족하다.**

내일부터는 이야기하고 이야기하고 또 이야기하는, 노래하고 노래하고 또 노래하는 '디너쇼 경영'을 실천하길 바란다.

Let's sing a song communication!

92

거짓 퍼포먼스를 격려하지 마라 '열심히 해'를 봉인하라

리더는 '열심히 해'라는 응원을 너무 좋아한다. 또 부하 직원의 '열심히 하겠습니다'라는 다부진 의사 표명 또한 전국 방방곡곡에서 빈번히 오고가는 '인사말'이다. 이렇듯 정말 열심히 하는 양 보여주는 자세가 때로는 **성과 이상으로 높은 평가를 받기도 하니 거짓 연기자**(Performer)**에게 '열심히 하겠습니다'는 참 편리한 말이다.**

하지만 나름 열심히 하고 있다는 생각에 **결과에 연연하지 않고 일하다 보면 아무리 시간이 흘러도 실력이 붙지 않아 절대 성장하지 못한다.** 성과로 이어지는 연구는 물론 전략, 전술도 없다. 그저 '자기도취형 노력가'만 있을 뿐이다. 나름 열심히 하고 있다는 '생각'만으로 잘나갈 만큼 이 세상은 무르지 않다.

생명보험업계에서 프로세일즈 부대를 이끌던 시절 '열심히 하겠습니다'를 금지어로 하겠다는 방침을 내세우고 추진했던 적이 있다. '열심히 노력하지 않게' 되자마자 조직이 V자 회복세를 보이기 시작했으니 참 아이러니한 노릇이다.

결국 리더는 부하 직원을 열심히 노력하게 만들지 않아도 된다. 그저 단순히 그들이 눈앞에 놓인 '성과'와 마주볼 수 있게 만들어 주기만 하면 된다. **문제 해결이나 목표 달성을 위해 계획적이고 효과적으로 행동하느냐가 중요하다. 애당초 '열심히 노력하는 행위' 자체에 별다른 의미는 없다.** 그 행위 자체에 우쭐할 정도라면 처음부터 열심히 노력하지 않는 편이 더 낫다.

'할 수 있어 없어?'라는 리더의 질문에 '할 수 있습니다'가 아니라 '열심히 해 보겠습니다'라고 대답하는 부하 직원이 정말 많다. 그 의미를 찬찬히 곱씹어 보면 '자신이 없으니 할 수 있다고 장담할 수는 없지만 최대한 노력은 해 보겠다'는 뉘앙스가 포함되어 있다.

거 참, 어처구니없는 익살극에 세리모니다. 그리고 **결국에는 '열심히 노력했으니 그걸로 된 거 아니냐'는 응석받이 근성도 점점 자라날 수 있다.**

팀 내에서는 결과에 초점을 맞춘 말만 입에 담게 만들어야 한다. **'언제 언제까지 ○○을 하겠습니다' 등과 같이 '무엇을 향해 무엇을 할지'를 항상 명확하게 제시하는 행동 목표를 선언하게 만들어야** 한다.

당신 팀도 **'열심히 하겠습니다'를 데드 워드**(Dead word)**로 삼아야** 한다. 부하 직원에게 건네는 '열심히 해봐'라는 격려의 말도 그만 두길 바란다. '열심히 하겠다'는 말을 철저히 봉인하고 거짓으로 노력하는 사람을 당신 팀에서 '추방'할 수 있다면 분명 진짜 노력하는 사람이 조용히 움직이기 시작할 것이다.

썰렁한 분위기에 익숙
해지지 마라
'감동의 눈물'을 흘려라

감동하여 흘리는 눈물에는 '마음을 정화'시켜 주고 울적했던 마음속 답답함을 깨끗하게 풀어 주는 효능이 있는 듯하다. 차가울 대로 차가워진 부하 직원의 메마른 감정을 뜨겁게 적셔주고 침체된 팀의 분위기를 한순간에 바꿔준다.

'눈물과 감동'의 대홍수가 팀의 사기를 끌어올리고 팀을 크나큰 파도 위에 올려준 경험을 몇 번이고 해왔다. 부하 직원의 의욕이 마치 분수처럼 넘쳐흐르니 더는 그 기세를 막을 수가 없고, 실컷 울고 난 다음의 실적 향상 덕분에 이번에는 '웃음'이 멈추질 않는다.

팀 내에 이러한 분위기를 만들어 나가기 위해서는 **우선 리더 스스로가 솔선수범하여 눈물을 흘려야 한다. 부끄러워하지 말고 부하 직원 앞에서 통곡하길 바란다.** 조례에서 이야기하다가도 좋고 회의에서 소신을 표명하다가도 좋다. 일대일로 미팅을 하다가도 좋다. 어쨌든 '이때다!' 싶은 장면에서 마음껏 감정을 이입하여 당신의 뜨거운 마음속을 표현해 주기를 바란다.

절대 부끄러운 일이 아니다. 부끄럽다고 생각하는 '그 마음'이 더 부끄럽다.

예전에 지사에 있을 때 '감동으로 눈물 나는 이야기'를 이것저것 찾아와서 어떤 때는 비디오 영상으로, 어떤 때는 메일 일괄 발송으로, 어떤 때는 뜨거운 스피치로 이 방법 저 방법 다 동원하여 끊임없이 연출하곤 했다.

그리고 연말 '납회(納會, 그해를 마무리하는 의식-역주)'에서는 항상 1년 동안 얼마나 열심히 노력해 왔는지 돌아보는 시간을 갖곤 했는데, 해마다 '눈물, 눈물의 스피치'가 이어졌다. '서로 얼싸안고 통곡하는 리더와 부하 직원'의 모습은 이를 지켜보는 동료까지 감동으로 끌어들이는 최고의 명장면이었다. 부하 직원이 표창을 받는 컨벤션 단상에서도 그를 아끼는 열정적인 리더가 제일 먼저 쓰러져 운다. 이처럼 진정한 리더의 눈물 앞에서 썰렁해질 부하 직원은 아무도 없다. 단, 훌쩍훌쩍 '분해서 우는' 리더는 의지가 안 된다. 그럴 때는 여유로운 웃음을 지어야 한다.

어차피 흘릴 눈물이라면 **동료의 필사적인 노력에 감동 받아 흘리는 눈물, 고마운 마음에 더는 참지 못하고 흘리는 눈물,** 함께 고생 끝에 목표를 달성했을 때 흘리는 눈물 같이 부하 직원을 위해 울어줄 수 있는 리더이길 바란다.

그러면 마침내 **눈에 보이지 않는 감동의 유대감으로 이어지고 흘린 눈물의 양만큼 실적도 향상**된다. 누군가의 노래 가사는 아니지만, 당신 팀 또한 '흘린 눈물만큼 강해질 수 있다.'

94

박학다식함을 자랑하지 마라 '철학'을 가져라

이 세상 리더들은 정말 열심히 배운다. 다양한 자격증을 취득하고 지식도 풍부하다. 열심히 공부하고 박학다식하다. 하지만 **'철학'을 이야기하는 리더는 별로 없다.**

눈앞의 현실적인 업무에 쫓겨 이론으로만 지도하다보면 마음이 통하지 않는 살벌한 매니지먼트가 되기 십상이다.

인간은 왜 태어나는가? 무엇을 위해 살아가는가? 살아가는 '의미'는 무엇인가? 부하 직원과 철학을 탐구해 나가다 보면 '일하는 의미'도 발견할 수 있다. 세계관이 바뀌면 일하는 방식도 바뀐다.

나의 경우 되도록 너무 까다로워지지 않도록 주의하면서 **영화를 감상하며 내 나름의 '철학적 해석'을 부하 직원에게 전달**할 때가 있다. 휴먼 드라마도 나쁘지 않지만, 비현실적인 SF영화가 더 재미있고 흥미롭게 철학을 논할 수 있다.

3차원 세계인 지구에 사는 우리 인간은 상상을 초월하는 우주가 존재한다는 사실을 그 누구도 부정하지 못하리라. 우주의 끝이 어떤 모습인지 아직 그 진리는 밝혀지지 않았다.

예를 들어 영화 〈인터스텔라〉, 이 SF영화를 보고 인간의 '마음' 속에 우주가 존재하고, 지구상에 사는 우리와 우주의 끝이 '이어져 있다'는 사실을 이해할 수 있었다.

어쩌면 지금 당신은 '이 저자 머리가 어떻게 된 거 아냐' 하며 의심스러워할지도 모른다. 하지만 **이런 황당무계한 이야기도 혹독한 현실 사회에 피폐해진 부하 직원에게는 '구원'이 될 수 있다.** 가끔은 그들을 위대하고 불가사의한 우주여행으로 초대하는 것도 좋다.

영화 속 우주의 끝에는 시간이나 거리의 개념 등이 존재하지 않는다. 미래도, 과거도 존재하지 않는다. 그곳에는 '신의 존재'와도 같은 '5차원 생명체'가 존재하는 듯하다. 사실 우주에서 당신을 지켜주는 '5차원 생명체'는 다름 아닌 '당신 자신의 혼'이라고 한다.

운 또는 불운에 휘둘릴 때 '눈에 보이지 않는 무언가'가 당신을 보호해 주고, 그 무언가에 의해 당신이 움직이는 듯한 감각을 느껴본 적 있으리라. **당신의 운명은 당신의 '양심'에 의해 조종되고, 당신의 모든 인생은 당신의 생각대로 된다**는 말이다.

분명 크리스토퍼 놀란(Christopher Nolan) 감독은 그 '진리'를 깨달은 '우주인'이리라.

지금 복잡해서 무슨 말인지 당최 이해가 안 된다며 혼란에 빠진 당신이여. 부디 영화를 통해 '철학의 우주여행'을 체험해 보지 않겠는가?

95

'뒤에서' 비판하지 마라 당당하게 본인에게 이야기하라

신뢰가 두터운 리더에게는 어떤 공통점이 있다. 결론부터 이야기하도록 하겠다. 바로 **'부하 직원의 뒤에서 그에 대한 비판이나 험담을 입에 담지 않는다'**는 점이다. 당신이 부하 직원 입장이 되어 보면 알 수 있으리라. 리더가 직접 이야기한다면 그나마 속 시원하게 이해할 수 있다. 하지만 비판이 제3자를 통해 당사자에게 전달된다면 이야기는 달라진다.

부하 직원도 자신의 결점을 자각하고 있다. 일의 옳고 그름 또한 잘 안다. 실수를 하면 반성할 줄 아는 겸손함도 겸비했다. 그런데 **리더가 자기 뒤에서 자존심에 상처 받을 만한 비판을 한다면 '도저히 못해 먹겠다'는 마음이 들 수밖에 없다.** 리더인 당신, 제3자인 동료나 다른 부하 직원에게 '그런 점이 안 좋아. 이런 점이 마음에 안 들어' 하며 그 자리에 없는 부하 직원에 대한 비판을 마치 푸념처럼 늘어놓는 것으로 스트레스를 해소하고 있지는 않은가?

'우리끼리니까 하는 이야긴데'하며 입단속을 시켜도 반드시 팀 내에 퍼져 나가기 마련이다. 그리고 반드시 본인 귀에도 들어간다. 본디 뒷담화는 '우리끼리니까 하는 이야긴데', '여기니까하는 말인데' 하며 점점 퍼져 나가다 결국에는 '모두가 알게 되는' 최악의 사태가 발생하고 만다.

제3자의 입을 통해 듣는 자신의 험담만큼 상처 받는 일도 없다. 몇 십 배는 더 기분 나쁘다. 불신감이 계속 쌓이다 보면 리더를 향한 '원한'으로 발전할 수도 있다. 게다가 리더의 입에서 불쑥 튀어나온 부하 직원에 대한 비판은 이래저래 부풀려져 터무니없는 '중상 비방'으로 변질되어 가는 일도 적지 않다. 그 비판이 부하 직원의 인간성을 모욕하는 내용이라면 더욱더 그와의 관계는 틀어지고 만다. 실수한 내용만 이야기한다면 또 몰라도 인간성까지 조롱한다면 이는 룰 위반이다.

아침 회의에 늦기는 했지만 그렇다고 해서 '게으른 난봉꾼'이라는 말은 사실이 아니리라. 고객에게 클레임이 들어오기는 했지만 그렇다고 해서 '거짓말쟁이에 대충대충인 녀석'이라는 말은 사실이 아니리라. 납기에 늦기는 했지만 그렇다고 해서 '쓰레기에 느려터진 거북이'라는 말은 사실이 아니리라. 입을 가볍게 놀리는 것도 적당 적당히 해야 한다. 방심은 금물이다. **개선 지도와 중상 비방을 혼동하면 안 된다.** 비판해야 할 상황도 물론 있다. 반성을 촉구하고 조속히 개선의 방향성을 제시해 주는 일도 리더의 중요한 직무 중 하나다.

아무쪼록 '조만간…' 등과 같이 뒷북치는 애매한 지도가 아니라 **'지금 당장', '그 자리에서', '직접 본인에게', '리더가 직접', '알아듣기 쉽게'** 이야기하도록 하자.

마음속 장애를
방치하지 마라
'감사의 패스워드'로
복구하라

당신의 팀은 언제부터 삐걱거리기 시작했는가? 지금까지 노력에 노력을 거듭해 왔는데 왜 버그(장애)가 발생했을까?

지금까지 당신 팀은 몇 번이고 업데이트하고 '진화'해 왔을 터이다. 슬슬 장애가 발생해도 이상할 것 없다.

그렇다면 리더인 당신은 팀 경영이라는 프로그램에서 도대체 어떤 '실수'를 저지른 것일까?

여기서 필히 묻고 싶다.

지금 당신은 부하 직원에게 '감사'하는 마음으로 일하는가? 혹시 마음대로 움직여주지 않는 그들 때문에 분통을 터트리고 있지는 않은가?

시간이 흐를수록 '감사'하는 마음은 점점 사라지고 이를 '당연'시하는 경향이 있다는 점은 부정할 수 없다. **장애가 발생하는 팀은 '감사'하는 마음을 잊어버린 팀**이다.

일단 앞장서서 달리는 리더가 이 당연한 '상황'에 진심으로 감사하는 마음을 가져야 한다. 아무튼 감사, 감사, 감사를 난사해야 한다. 이제 슬슬 당신 부하 직원의 '존재 자체'에 감사할 줄 아는 삶의 방식으로 진화해야 하지 않겠는가?

조금 더 이야기하자면 **변변치 않은 부하 직원의 존재에도 감사할 수 있는 수준까지 업데이트하기를 바란다.**

그들과의 관계에도 '무언가 의미가 있다'고 받아들이고 모든 것에 감사하며 더 큰 어려움을 극복해 나간다. 이러한 마인드가 성공을 끌어당긴다.

사실 당신을 혼란에 빠뜨린 버그를 해결해 줄 수 있는 '대책 소프트웨어'는 이미 당신 안에 내장되어 있다. **'마음속 컴퓨터'에 다음의 세 글자로 이루어진 패스워드를 입력하기만 하면 작동하기 시작한다.**

그 패스워드는 바로 '고·마·워'다.

'고마워'라는 말이 잠재의식에 스며들 때까지 매일같이, 이래도 안 스며들 거야? 하는 마음가짐으로 입에 담기를 바란다.

이를 일상으로 만들어 **온종일 '고마워'라는 주문을 외우며 걸어 다니자. 물론 이때 머릿속에 떠올릴 감사의 대상은 팀 멤버다.**

매일매일 한 발자국씩 걸을 때마다 리듬에 맞추어 '고마워, 고마워, 고마워'하며 출퇴근길에 오른다.

한 번 속는 셈치고 적어도 하루에 백 번쯤은 소리 내어 말해 보기를 권한다. 신기할 정도로 팀 경영이 '척척' 잘 돌아가기 시작할 것을 약속한다.

97

부하 직원의 가족과
거리를 두지 마라
'소중한 존재'를
끌어들여라

외국자본계열 생명보험회사의 나고야 지사장으로 100명 이상의 정예 부대를 이끌던 시절 **팀 멤버 모두의 가족**(아내, 자녀, 부모님)에게 **편지를 보낸 적**이 있다.

부하 직원의 활약상을 보고하는 편지다.

멤버 한 사람 한 사람의 개성이나 장점을 살린 업무 형태나 회사에 얼마나 많은 도움이 되는지 등 감사의 마음을 길게 써내려갔다. 며칠 동안 잠을 줄여가며 해야 하는 엄청난 작업이었지만, 전혀 힘들지 않았다.

그리고 마음을 담은 작은 선물로 **'행복의 노란 손수건'도 동봉했다.**

그때 나고야 시내에 있는 백화점이란 백화점의 노란색 손수건을 거의 다 사들였다. 나중에 백화점 매장에 '노란 손수건 코너'가 생겼을 정도다. 거짓말 같지만 실제로 있었던 에피소드다.

내 편지를 받은 많은 가족들이 답례 편지를 보내주었는데, 거기에는 일정한 경향이 있었다. 성적이 우수한 부하 직원 가족일수록 답례 편지를 보내준 비율이 높았고, 편지의 내용 또한 풍부했다.

그들이 보내온 편지를 읽고 부하 직원이 얼마나 가족을 소중히 여기는지 그 일상이 훤히 보이는 듯했다. 역시나 **부부 관계나 부모자식 관계가 좋으면 좋을수록 일도 더 잘 하는 법**이다.

누구에게나 가족은 소중한 존재다. 그리고 가족은 항상 최대의 이해 자이자 최고의 응원단이기도 하다.

부하 직원들은 무엇을 위해, 누구를 위해 온 힘을 다해 일하는 것일까? 바로 '가족을 위해서'다. 그들의 **에너지의 근원이 가족이라면 리더인 당신도 그 가족을 '알아두어야' 하지 않겠는가?**

나는 가족들이 함께 참여하는 이벤트를 개최하기 좋아한다. 표창식 초대는 물론 식사 모임, 위로 여행, 디즈니랜드, 바비큐 모임, 스포츠 대회 등 **부하 직원 가족들과 접할 기회를 늘리고 그들을 끌어들일수록 부하 직원의 사기는 높아졌다.**

가끔은 '가정 방문'을 직접 했을 정도다. '학생도 아니고 무슨' 하는 반발이 들려올 법도 한데, 가족들과 만나면 '문제의 본질'이 보인다. 그리고 **무엇보다 부하 직원과 그 가족을 책임지는 리더로서의 '사명감'도 더 높아진다.**

부하 직원의 가족들이 걱정하지 않도록 어떻게 해서든 그들을 키워주고, 승진하는 데 도움을 주고, 성공으로 이끌어주고 싶다는 큰 힘을 받을 수 있기 때문이다.

98

너무 편히 쉬다
긴장을 늦추지 마라
집에서도 '진정한 리더'여라

너무나 한결같이 부하 직원만 바라보며 매니지먼트에 매진하느라 가족을 돌보지 않고, 그 결과 가정생활이 파탄 나고 팀 경영에도 안 좋은 영향을 미치는 경우가 있다.

분명 일과 가정의 양립, 이는 리더뿐 아니라 모든 비즈니스맨의 영원한 과제라고 해도 과언이 아니리라.

하지만 일 때문에 사랑하는 가족이 불행해진다면 이는 본말전도다. **가족에 대한 사랑을 행동에 옮기지 못하는 인간이 팀 멤버를 인간애로 대할 수 있을 리가 없다.** 일을 핑계로 가정을 희생하다니 이는 리더로서도, 한 인간으로서도 결코 범해서는 안 될 반칙 행위다.

진정한 애정이나 깊은 배려는 마음속으로 생각만 해서는 전해지지 않는 법이다. **부하 직원을 대할 때보다 더 큰 웃음과 성실한 서비스 정신으로 가족과 밀도 높은 대화를 나누고 사랑을 실천해 나가야** 한다.

애초에 당신은 '주 수입원인 내가 제일 잘났어!' 라는 오만한 착각 속에 살고 있지는 않은가? 안타깝게도 만약 그런 생각을 가지고 있다면 가족으로부터 경멸당하고 고립되어 갈 뿐이다.

한 집안의 리더로서 잘난 척 설교를 늘어놓으면서 정작 본인은 불평불만만 늘어놓고, 소극적이고, 약속도 안 지키고, 제멋대로고, 불공평하고, 불건전하고, 도덕관도 없고, 태도는 오만하고, 신념도 없이 산다면 가족들로부터 '최악의 인간'이라는 꼬리표를 달게 될 뿐이다.

직장에서는 리더로서 인격자를 가장하지만 가정으로 돌아가는 순간 인간쓰레기로 변해 버린다.

가정이라는 쉼터는 칠칠치 못한 인간성을 드러내는 곳이 아니다.

자기중심적으로 행동하고 제멋대로 군다면 가족 누구도 당신을 따르지 않으리라.

앞으로는 가족에게 본보기가 될 만한 태도로 일관하길 바란다. **오히려 가정은 '진정한 리더'로서의 건전한 인간성을 키워나가는 곳이다.**

반대로 가정을 핑계 삼아 매니지먼트를 소홀히 하는 일 따위 논할 가치도 없다. 예를 들어 가짜 마이 홈 파파(회사 업무나 동료와의 관계보다 가정을 중시하는 사람-역주). 그들의 가면을 벗겨내면 게으름뱅이의 민낯을 알현할 수 있다.

가정을 희생시키며 일만 하는 인간도 실격이지만 가정으로 도피하는 게으름뱅이도 실격이다.

당신의 고결한 삶의 방식이 가정을 행복으로 끌어들이고 팀도 번영으로 이끌어 나간다.

99

뇌리에 떠오른
부하 직원을 지워버리지 마라
'텔레파시'로
응답하라

휴일이나 잠들기 전, 혼자서 멍하니 있을 때, 혹은 이동 중에 뇌리에 떠오르는 부하 직원은 없는가? 리더로 살다 보면 항상 마음 쓰이는 부하 직원 한두 명쯤은 있으리라.

그중에서도 떠오르고는 사라지고, 사라졌다가는 다시 떠오르고, **지우고 또 지워보아도 마치 당신 마음속에 살고 있는 것처럼 집요하게 뇌리에 떠오르는 부하 직원은 없는가?** 실적이 떨어진 부하 직원, 말다툼을 한 부하 직원, 최근 결근이 잦은 부하 직원 등 한 번 신경 쓰이기 시작하면 머릿속에서 절대 떠나지 않는 부하 직원이 있으리라.

'이렇게 계속 끙끙 앓다니.

너무 예민한 나는 리더에 적합하지 않을지도 몰라'하며 의기소침해질 수도 있다. 하지만 앞으로는 그러지 않아도 된다.

이는 정상적인 리더의 모습이다.

당신은 리더에 어울린다.

당신에게는 **부하 직원을 조종하는 '초능력'이 있기** 때문이다.

당신이 부하 직원을 떠올리는 순간 그도 당신을 떠올리고 있다고 생각하길 바란다. 그도 당신처럼 끙끙 앓고 있다. 당신과의 미묘한 인간관계에 힘들어할 수도 있다. 경우에 따라서는 당신에게 품었던 일시적인 불만이 원망으로 변했을 수도 있다.

그렇다면 부하 직원의 '마음'을 떨쳐내서는 안 된다. 필사적으로 지워내려고 하지 말고 그가 보내는 메시지를 제대로 '수신'하기를 바란다.

그리고 **'텔레파시'를 보낸다는 마음으로 머릿속에 부하 직원을 떠올리고 물어보길 바란다. 분명히 그에게 텔레파시가 전달되리라는 믿음을 가지고.**

만약 부하 직원에게서 부정적인 메시지가 온다면 긍정적인 메시지로 바꾸어 '당신의 사랑'을 텔레파시로 '답장'하길 바란다. 그 '생각'은 분명 부하 직원에게 전달되리라.

나는 흔히들 말하는 영적(Spiritual)인 현상을 믿는 '초능력자'도 그무엇도 아니다. 단지 **'이심전심'을 믿을 뿐**이다. 당신의 마음이 강할수록 더는 말이 필요 없다.

전화도 필요 없다.

메일도 필요 없다.

마음과 마음으로 이어질 뿐이다.

멀리 떨어져 있는 부하 직원의 얼굴을 떠올리며 끊임없이 텔레파시를 보내기 바란다. **이 '원격 조종'만 제대로 할 수 있다면 부하 직원은 당신의 '생각대로'되리라.**

'작은 선의'를
우습게 보지 마라
무질서한 생활에서
발을 빼라

리더가 자신감을 잃고 깊이 파고들지 못하는 새가슴으로 계속 지도해 나간다면 팀의 미래는 절망적이다. 이런 새가슴 리더에게 여기서 아무리 '자신감을 가지라'고 이야기한들 무엇 하나 달라지지 않으리라.

사실 리더를 소극적으로 만드는 요인은 심층 심리에 숨어 '자기 자신은 아무런 가치도 없는 악덕한 인간'이라고 생각하는, 정체를 알 수 없는 '떳떳하지 못한 마음', '죄악감'이다.

따라서 '능력'보다는 '고결함'을 갈고닦기를 우선시해야 한다.

'고결'이라는 단어를 사전에서 찾아보면 '인품이 훌륭하고 욕심 때문에 마음이 흔들리지 않는 모습이다. 항상 엄한 태도로 자기 자신을 규율하고 다른 사람에게 존경 받는 모습'이라고 적혀 있다. 고결(Integrity)이라는 단어에는 단순한 성실함보다 '인격적으로 완벽해야 한다'는 뜻이 담겨 있다. 그야말로 전 세계에서 활약하는 톱 리더들에

리더의 신 100법칙

게 꼭 필요한 '신의 정의'가 아닌가! 실적이 오르지 않는 팀의 리더는 본래 최우선으로 삼아야 할 '고결함'을 갈고닦는 노력을 게을리 했기에 진정한 자신감이 붙지 않는 것이다.

누구에게나 '선(善) 의식'은 있기 마련이다. 리더로서 크게 성공하고 싶다면 이러한 양심이나 윤리관을 키우고 자신의 고결한 힘을 갈고닦는 수밖에 없다. 청소하고, 헌혈하고, 모금하고, 자리를 양보하고, 친절하게 대하고, 인사하고, 부모님께 효도하고, 남을 돕는다.

우선은 이러한 **'작은 선의'를 쌓아나가길 바란다.** 아직도 길바닥에 담배꽁초를 휙 버리는 일에 거부감을 느끼지 않는 '무질서한 리더'에게 내일은 없다.

고결함이 결여되어 무질서한 '또 다른 당신'이 '떳떳하지 못한 마음'과 '죄악감'을 만들어내기에 '자기 자신'을 통제하지 못하는 것이라고 생각하길 바란다.

여기서 다시 한 번 **'당신이 가짜'라는 '진실'을 받아들여보면 어떨까?** '또 한 명의 가짜 당신'에서 유체 이탈하여 자기 자신을 내려다보기 바란다. 그곳에는 성급하게 행동하거나 눈앞의 이익을 향해 내달리는 추잡한 당신이 존재하리라.

고결함에 바탕을 둔 삶의 방식으로 마음을 고쳐먹었을 때 비로소 또 한 명의 가짜 당신은 사라져 가리라. 그러면 당신은 당신답게, '자신감'이 넘치는 리더 인생을 살아나갈 수 있다. 그렇다. 진정한 당신은 '응애'하고 태어난 그 순간부터 하얗디하얀 양심의 화신이고, 강한 정의감이라는 갑옷을 두른 진정으로 '착한 사람'이기 때문이다.

이 글을 마치며

과연 당신의 마음속 깊은 곳에 잠들어 있던 '리더의 신'이 눈을 뜨고 부스스 일어나기 시작했을까?

'머리말'에서도 언급했듯 신의 정의는 '본래 당신 안에 존재하고 있지만, 평소에는 제대로 발휘되지 않는 강한 인내와 생명력을 이용하여 이성, 지성, 사랑으로 소원을 이루어 나가는 '터무니없을 정도로 강한 힘'을 의미한다.

그렇다. 당신에게는 그런 힘이 '있다' 다만 지금까지는 그 '신'이 잠들어 있었을 뿐이다.

여기까지 다 읽고 수많은 '신의 격언'에 머리를 흠씬 두들겨 맞은 당신, 리더로서의 '긍지'가 되살아나 지금 당장이라도 부하 직원을 안아주고 싶을 정도로 애정과 열정이 넘쳐흐르지는 않는가?

'마음을 다잡는=각오'가 여전히 부족했던 '과거의 자기 자신'을 맹렬히 반성하고 당신의 리더의 혼에 불이 붙었기를 바란다.

한편 이미 당신이 실력파의 숙련된 리더라면 100개 항목에 달하는 '신 리더의 비법'을 '복습'하여 머릿속이 한결 정리되고 '리더의 바람직한 모습'과 '목표로 삼아가야 할 모습'이 새삼 명확해졌으리라.

이만큼 밀도 높은 콘텐츠가 가득하고 신랄하고 독설적인 리더 지도서는 일찍이 존재하지 않았고, '앞으로도 영원히 그 누구도 쓸 수 없지' 않을까? 그만큼 심혈을 기울여 집필한 작품이다. 정말 감개무량하고 감동스럽다.

이 책의 전작인 《영업의 신 100법칙》과 마찬가지로 오래도록 후세 리더들의 입에서 입으로 전해지는 롱셀러(Long-seller)가 되기를 마음속 깊이 바라마지 않는다.

마지막으로 이번 '신 시리즈 제2탄' 또한 아스카(明日香)출판사 여러분의 크나큰 도움 덕분에 출판할 기회를 얻을 수 있었다.
그리고 무엇보다 편집담당자인 후루카와 소이치 씨의 전작 이상의 '신' 같은 적절한 조언과 '부처님' 같은 마음 따뜻해지는 격려 덕분에 이 책이 탄생할 수 있었다.
진심으로 관계자 여러분께 감사의 말을 전하는 바이다.

–하야카와 마사루

옮긴이 김진연

성신여자대학교 경영학과를 졸업하고 한국외국어대학교 통번역대학원 한일국제회의동시통역학과를 수료했다. 현재 에이전시 엔터스코리아 일본어 번역가로 활동하고 있다.

주요 역서로는《일 빨리 끝내는 사람의 42가지 비법》,《이나모리 가즈오의 아메바 경영 매뉴얼》,《사장은 혼자 울지 않는다》,《돈키호테 CEO》,《손정의 천재가 만든 시대 소프트뱅크》,《리더를 위한 관계 수업》,《성공하기 위해선 두뇌를 잡아라》,《경영자가 가져야 할 단 한 가지 습관》,《고독연습》등이 있다.

리더의 神신 100법칙
최강의 팀을 이끄는 리더의 원칙

1판 1쇄 발행 2020년 8월 10일

지 은 이 | 하야카와 마사루
옮 긴 이 | 김진연
발 행 인 | 최봉규

발 행 처 | 지상사(청홍)
등록번호 | 제2017-000075호
등록일자 | 2002. 8. 23.
주　　소 | 서울 용산구 효창원로64길 6 일진빌딩 2층
우편번호 | 04317
전화번호 | 02)3453-6111 팩시밀리 02)3452-1440
홈페이지 | www.jisangsa.co.kr
이 메 일 | jhj-9020@hanmail.net

한국어판 출판권 © 지상사(청홍), 2019
ISBN 978-89-6502-292-3 03320

이 도서의 국립중앙도서관 출판시도서목록(CIP)은 e-CIP홈페이지(http://www.nl.go.kr/ecip)와 국가자료공동목록시스템(http://www.nl.go.kr/kolisnet)에서 이용하실 수 있습니다. (CIP제어번호: CIP2020028973)

• 잘못 만들어진 책은 구입처에서 교환해 드리며, 책값은 뒤표지에 있습니다.

세상에서 가장 쉬운 통계학 입문

고지마 히로유키 | 박주영

이 책은 복잡한 공식과 기호는 하나도 사용하지 않고 사칙연산과 제곱, 루트 등 중학교 기초수학만으로 통계학의 기초를 확실히 잡아준다. 마케팅을 위한 데이터 분석, 금융상품의 리스크와 수익률 분석, 주식과 환율의 변동률 분석 등 쏟아지는 데이터…

값 12,800원 | 신국판(153x224) | 240쪽
ISBN978-89-90994-00-4 | 2009/12 발행

세상에서 가장 쉬운 베이즈통계학 입문

고지마 히로유키 | 장은정

베이즈통계는 인터넷의 보급과 맞물려 비즈니스에 활용되고 있다. 인터넷에서는 고객의 구매 행동이나 검색 행동 이력이 자동으로 수집되는데, 그로부터 고객의 '타입'을 추정하려면 전통적인 통계학보다 베이즈통계를 활용하는 편이 압도적으로 뛰어나기 때문이다.

값 15,500원 | 국판(153x224) | 300쪽
ISBN978-89-6502-271-8 | 2017/4 발행

만화로 아주 쉽게 배우는 통계학

고지마 히로유키 | 오시연

비즈니스에서 통계학은 필수 항목으로 자리 잡았다. 그 배경에는 시장 동향을 과학적으로 판단하기 위해 비즈니스에 마케팅 기법을 도입한 미국 기업들이 많다. 마케팅은 소비자의 선호를 파악하는 것이 가장 중요하다. 마케터는 통계학을 이용하여 시장조사 한다.

값 15,000원 | 국판(148x210) | 256쪽
ISBN978-89-6502-281-7 | 2018/2 발행

통계학 超초 입문

다카하시 요이치 | 오시연

젊은 세대가 앞으로 '무엇을 배워야 하느냐'고 묻는다면 저자는 다음 3가지를 꼽았다. 바로 어학과 회계학, 수학이다. 특히 요즘은 수학 중에서도 '통계학'이 주목받는 추세다. 인터넷 활용이 당연시된 이 시대에 방대한 자료를 수집하기란 식은 죽 먹기이지만…

값 13,700원 | 신국판변형(148x210) | 184쪽
ISBN978-89-6502-289-3 | 2020/1 발행

영업의 神신 100법칙

하야카와 마사루 | 이지현

인생의 고난과 역경을 극복하기 위해서는 '강인함'이 반드시 필요하다. 내면에 숨겨진 '독기'와도 같은 '절대 흔들리지 않는 용맹스러운 강인함'이 있어야 비로소 질척거리지 않는 온화한 자태를 뽐낼 수 있고, '부처'와 같은 평온한 미소로 침착하게 행동하는 100법칙이다.

값 14,700원 | 신국판변형(148x210) | 232쪽
ISBN978-89-6502-287-9 | 2019/5 발행

돈 잘 버는 사장의 24시간 365일

고야마 노보루 | 이지현

흑자를 내는 사장, 적자를 내는 사장, 열심히 노력하는 직원, 뒤에서 묵묵히 지원하는 직원, 일을 잘하는 사람, 일을 못하는 사람 등 누구에게나 하루에 주어진 시간은 '24시간'이다. 이 책이 중소기업의 생산성을 높이는 데, 조금이나마 도움이 된다면 더 큰 바람은 없을 것이다.

값 14,500원 | 국판(148x210) | 208쪽
ISBN978-89-6502-288-6 | 2019/8 발행

생생 경매 성공기 2.0
안정일(설마) 김민주

이런 속담이 있죠? '12가지 재주 가진 놈이 저녁거리 간 데 없다.' 그런데 이런 속담도 있더라고요. '토끼도 세 굴을 판다.' 저는 처음부터 경매로 시작했지만, 그렇다고 지금껏 경매만 고집하지는 않습니다. 경매로 시작했다가 급매물도 잡고, 수요 예측을 해서 차액도 남기고…

값 19,500원 | 신국판(153x224) | 404쪽
ISBN978-89-6502-291-6 | 2020/3 발행

아직도 땅이다 : 역세권 땅 투자
동은주 정원표

부동산에 투자하기 전에 먼저 생각하고 또 짚어야 할 것들을 살피고, 이어서 개발계획을 보는 눈과 읽는 안목을 기르는 방법이다. 이어서 국토와 도시계획 등 관련 개발계획의 흐름에 대한 이해와 함께, 부동산 가치 투자의 핵심이라 할 수 있는 역세권 개발 사업에 대한 설명이다.

값 17,500원 | 국판(153x224) | 320쪽
ISBN978-89-6502-283-1 | 2018/6 발행

침구진수鍼灸眞髓
시로타 분시 | 이주관

이 책은 선생이 환자 혹은 제자들과 나눈 대화와 그들에게 한 설명까지 모두 실어 침구치료술은 물론 말 한 마디 한 마디에 담겨 있는 사와다 침구법의 치병원리까지 상세히 알 수 있다. 마치 사와다 선생 곁에서 그 침구치료법을 직접 보고 듣는 듯한 생생한 느낌을 받을 수 있을 것이다.

값 23,000원 | 크라운판(170x240) | 240쪽
ISBN978-89-6502-151-3 | 2012/9 발행

설마와 함께 경매에 빠진 사람들

안정일 김민주

경기의 호황이나 불황에 상관없이 경매는 현재 시장의 시세를 반영해서 입찰가와 매매가가 결정된다. 시장이 나쁘면 그만큼 낙찰 가격도 낮아지고, 매매가도 낮아진다. 결국 경매를 통해 수익을 얻는다는 이치는 똑같아 진다. 그래서 경매를 잘하기 위해서는…

값 16,800원 | 신국판(153x224) | 272쪽
ISBN978-89-6502-183-4 | 2014/10 발행

자기긍정감이 낮은 당신을 곧바로 바꾸는 방법

오시마 노부요리 | 정지영

자기긍정감이 높은 사람과 낮은 사람의 특징을 설명하고, 손쉽게 자기긍정감을 올려서 바람직한 생활을 할 수 있는 방법을 소개하고자 한다. 이 책을 읽고 나면 지금까지 해온 고민의 바탕에 낮은 자기긍정감이 있다는 사실을 알고 모두 눈이 번쩍 뜨일 것이다.

값 12,800원 | 사륙판(128x188) | 212쪽
ISBN978-89-6502-286-2 | 2019/2 발행

골프가 인문학을 만나다

이봉철

인생은 길과 같은 것이다. 또 골프는 인생의 축소판이다. 변신과 긴장, 요동치는 롤로코스트, 포기하지 않아야 한다. 골프평론가 그랜트 랜드 라이스는 골프에서의 테크닉은 겨우 2할에 불과하다. 나머지 8할은 철학, 유머, 로맨스, 멜로드라마, 우정, 고집 그리고 회화이다.

값 17,000원 | 신국판(153x224) | 304쪽
ISBN978-89-6502-285-5 | 2018/8 발행